PIERLUIGI SERRAINO

EERO SAARINEN

1910–1961

Espressionista strutturale

TASCHEN

OGNI LIBRO TASCHEN PIANTA UN SEME!
TASCHEN è una casa editrice carbon neutral. Ogni
anno compensiamo le nostre emissioni di CO2 con
crediti dell'Instituto Terra, un progetto di riforestazione
fondato da Lélia e Sebastião Salgado nel Minas
Gerais, in Brasile. Per scoprire di più su questa
partnership ecologica, visitate la pagina:
www.taschen.com/zerocarbon
Ispirazione: illimitata. Carbon footprint: zero.

Per informazioni sui titoli TASCHEN di prossima
pubblicazione, abbonatevi alla nostra rivista gratuita
tramite il sito www.taschen.com/magazine, seguiteci
su Twitter, Instagram e Facebook, oppure scrivete
un'email a contact@taschen.com per qualunque
domanda sul nostro catalogo.

Curatore ▶ Peter Gössel, Brema
Coordinamento editoriale ▶ Swantje Schmidt, Brema
Progetto grafico e layout ▶ Gössel und Partner, Brema
Editing ▶ Maureen Roycroft Sommer, Bergisch
Gladbach (Avinus, Berlino)

Edizione italiana a cura di:
Francesca Del Moro, Modena
Traduzione: Lucia Stipari, Milano
Impaginazione: Alejandro Ariel Roncaglia, Modena

Distribuito da:
Inter Logos
Strada Curtatona 5/J, Modena
www.books.it

Printed in Slovakia
ISBN 978-3-8365-6224-9

Illustrazione pagina 2 ▶ Ritratto di Eero Saarinen
con il modello del Jefferson National Expansion
Memorial

Illustrazione pagina 4 ▶ Schizzo preliminare del TWA
Terminal di Eero Saarinen

Sommario

Introduzione

Come architetto e comunicatore, Saarinen era in grado di catalizzare l'attenzione del pubblico grazie alla determinazione nel sostenere le proprie convinzioni e alla chiarezza del suo pensiero. Quando Douglas Haskell, ex caporedattore dell' *Architectural Forum*, gli chiese un'opinione sul ruolo giocato dalla critica nell'architettura, egli parlò di Eero come di un "un critico di architettura praticante". L'imponente corpus di opere realizzate nell'arco di un periodo di tempo relativamente breve trova un corrispettivo letterario nel numero di scritti inediti e di discorsi tenuti per spiegare il suo approccio alla progettazione. Profondamente consapevole del proprio ruolo all'interno del dibattito di metà secolo, Saarinen ha sapientemente orchestrato l'iscrizione delle sue opere nella storia dell'architettura attraverso un'accorta gestione dell'immagine pubblica, dei rapporti con i vertici dell'industria americana, delle alleanze con figure chiave del mondo dei media e dei contatti con l'esclusiva cerchia dei più quotati fotografi di architettura. Sfogliando la sua rubrica personale si ritrova un elenco praticamente completo degli appartenenti all'élite dell'architettura post-bellica statunitense: Charles Eames, Walter Gropius, Mies van der Rohe, Gordon Bunshaft, Florence Knoll, Philip Johnson e Richard Neutra, solo per nominarne alcuni. Oltre a queste star dell'architettura, il suo indirizzario annovera personaggi di primissimo piano nelle gerarchie delle corporation: direttori esecutivi della CBS, amministratori universitari, i vertici della General Motors e numerosi manager delle compagnie aeree. Come un esperto giocatore in un'arena dove agivano potenti forze economiche e politiche, Saarinen riuscì a imprimere alle sue opere un tratto distintivo che probabilmente lo fece emergere come l'architetto più rappresentativo della sua generazione.

Simbolicamente Eero Saarinen è per eccellenza il figlio del movimento moderno. Figlio del celebre architetto finlandese Eliel Saarinen (1873-1950), Eero nacque il 20 agosto del 1910 a Kirkkonummi, in Finlandia. La madre, Loja Gesellius Saarinen, era una scultrice e disegnatrice di tessuti. Il 20 agosto è la stessa data di nascita del padre; un'emblematica coincidenza, se si considera l'incessante ricerca di Eero di un'identità autonoma, sia come individuo che come architetto, rispetto all'ingombrante figura paterna. Fieramente competitivo, come ricordano molte persone che lavorarono e vissero accanto a lui, recitò il copione che il padre aveva previsto per lui. Ed Eliel aveva fissato per Eero traguardi estremamente ambiziosi, forse troppo alti perché non ne pagasse il prezzo nella vita privata. In un'intervista concessa il 12 ottobre 1995, Susan Saarinen, la figlia di Eero, ricorda: "Mio padre fu allevato all'ombra del tavolo da disegno paterno; non riceveva mai un complimento a meno che non svolgesse un compito in maniera eccellente ... Quando avevo otto anni, mi disse: 'Cosa pensi della situazione politica attuale?', adesso non ricordo di quale avvenimento si trattasse. Avevo otto anni. Quante ragazzine di otto anni si interessano di politica? Io non facevo eccezione. Pertanto gli diedi una tipica risposta sciocca da bambina di otto anni. Lui mi riprese dicendomi: "Non dare *mai* una risposta se non l'hai studiata, non conosci l'argomento e non hai pensato attentamente a quale sia la risposta più adeguata."

In patria Eliel godette di precoci riconoscimenti. Cresciuto nel reazionario clima accademico di fine Ottocento, dedicò la vita a tracciare un nuovo orizzonte per l'architettura contemporanea che si contrapponesse ai revival storici della *Belle Epoque*. Il suo progetto per

Pagina accanto:
Dulles International Airport 1958–1962
Il colonnato interno inclinato verso l'area di ingresso dei passeggeri

Progetto presentato da Eliel Saarinen al concorso per la Chicago Tribune Tower, 1922
Questo progetto, con cui Eliel si classificò secondo, propose, differenziandosi da quelli della Scuola di Chicago, un nuovo modello di grattacielo.

la stazione ferroviaria di Helsinki e il progetto vincitore del secondo premio al concorso per la sede del Chicago Tribune, del 1922, lo resero una figura di culto nei circoli modernisti. Comunque – cosa ancora più importante – la sua ricerca di un'architettura basata su alcuni principi fondamentali, delineati ne *La ricerca della forma in arte e in architettura* (1948), fornì una visione sulla quale Eero basò tutta la sua attività. Nel corso della storia, affermava, ogni epoca ha elaborato una forma architettonica che gli era propria. "Ognuna di queste grandi epoche storiche ha avuto la capacità creativa di trasferire la propria cultura in uno stile che la esprimesse appieno, attraverso un profondo senso della sua forma fondamentale".

In seguito alla favorevole accoglienza ricevuta per il progetto presentato al concorso del Chicago Tribune, Eliel si trasferì negli Stati Uniti nel febbraio del 1923, raggiunto dalla famiglia due mesi più tardi. Era convinto che il Nuovo Mondo offrisse opportunità uniche di essere coinvolti in progetti monumentali di pubblico rilievo. La sua prima destinazione in terra americana fu Evanston, nell'Illinois; un anno dopo si trasferì ad Ann Arbor accettando un impiego come visiting professor di disegno architettonico presso l'Università del Michigan. Nel 1925 Gorge G. Booth, editore del *Detroit News*, commissionò a Eliel Saarinen la progettazione del master plan, nonché quella degli edifici, per la Cranbrook Academy of Art, un centro educativo situato a Bloomfield Hills vicino a Detroit, dove più tardi la famiglia Saarinen si trasferì. La partecipazione di Eliel allo sviluppo del progetto della Cranbrook Academy of Art durò dal 1925 al 1940. Lo svolgersi di questo incarico tenne Eliel ed Eero occupati nella progettazione mentre l'intera nazione precipitava nel baratro della Grande Depressione seguita al crollo della borsa di New York nel 1929. La scuola incoraggiava un modello pedagogico poco diffuso, volto a integrare l'arte e l'architettura, e fu una palestra per molti tra coloro che sarebbero divenuti i protagonisti del modernismo negli Stati Uniti. La combinazione di pratica professionale (aveva aperto uno studio a Bloomfield Hills su una superficie di oltre 2.700 metri quadrati) e insegnamento (era il direttore dell'accademia) divenne, in questo nuovo contesto, una costante della carriera di Eliel. Sotto l'aspetto teorico egli fu autore di numerosi saggi e di alcuni volumi in cui affrontò svariati argomenti legati alla progettazione. Il suo interesse maggiore, tuttavia, riguardava la riflessione critica sulla città moderna. La sua avversione per quella che percepiva come una crescita urbana caotica dovuta alla modernizzazione della società e allo sviluppo dei trasporti privati e pubblici lo condusse a sostenere un'idea di città intesa come ambiente tridimensionale attraverso il tempo e lo spazio. Nella sua ottica qualsiasi impegno progettuale doveva rientrare in una più ampia problematica urbanistica. Egli concepiva gli edifici come elementi integranti del tessuto urbano, piuttosto che entità esistenti autonomamente.

Il giovane Eero interiorizzò buona parte delle idee paterne: un ritorno all'essenzialità di forme e materiali, il rispetto per la sapienza artigianale, la convinzione dell'interdipendenza tra le arti e la consapevolezza che la "nostra è l'epoca della macchina". Essendo finlandese aveva una "mentalità" architettonica permeata da un riferimento romantico alla natura. Considerati i suoi legami familiari, l'interesse di Eero per l'architettura appare quasi inevitabile. Oltre ai genitori, due zii erano architetti. Sua sorella Pipsan, designer e decoratrice di interni, aveva sposato J. Robert F. Swanson, architetto associato dello studio dal 1939 al 1947. Dal 1930 al 1931 Eero studiò scultura presso l'Academie de la Grande Chaumière a Parigi e, nel 1934, conseguì la laurea in belle arti presso la Yale University. Educato all'amore incondizionato per l'arte, Eero mise ben presto in evidenza le sue capacità vincendo più di sei premi come secondo classificato in diversi concorsi, cosa che gli valse il soprannome di "medaglia d'argento Saarinen". Grazie alla borsa di studio Charles O. Matcham, nel 1935 poté visitare Italia, Egitto, Palestina, Grecia, Germania e Svezia, approdando infine in Finlandia, la sua terra d'origine, dove trascorse il 1936 lavorando alla ricostruzione del teatro svedese di Helsinki, in collaborazione con l'architetto finlandese Jarl Eklund. Dalla fine degli anni Trenta, Eero fu sempre più impegnato nello studio del padre. Nel frattempo aveva instaurato un legame di amicizia che sarebbe durato tutta la vita con Charles Eames, che nel 1939 lavorò presso l'ufficio di Eliel, e con Ray Kaiser, la futura signora Eames. Charles ed Eero erano responsabili dello studio di Cranbrook e in seguito collaborarono al design di mobili e al progetto della casa di John Entenza a Pacific Palisades, in California, nota anche come Case Study House #9. Eero trascorse gli ultimi tre anni della guerra, dal 1942 al 1945, al servizio della Presentation Division dell'Office of Strategic Services di Washington. Eliel e Eero continuarono a lavorare insieme fino al 1950, quando Eliel morì. Nel corso della sua commemorazione, svoltasi a Kirkkonummi in Finlandia, Alvar Alto parlò di Eliel come del "primo grande urbanista finlandese". Nello stesso anno il nome dello studio divenne Eero Saarinen & Associates.

Le opere della maturità di Saarineen si svilupparono nel clima effervescente di quella che viene chiamata società del benessere. La fine della seconda guerra mondiale aveva segnato l'inizio di un'epoca di profondi cambiamenti negli Stati Uniti. Non appena l'ansia legata al conflitto si estinse, un'euforia senza precedenti diede l'avvio a mutamenti sociali e a uno sviluppo culturale di vasta portata. Il 1945 segnò l'inizio di una nuova era nello stile di vita della middle class americana. Ritornati alla pace, l'attenzione si diresse verso la ricostruzione e verso la nuova posizione di potere acquisita. Il periodo di espansione post-bellico durò per almeno vent'anni e lasciò i segni della sua portata nel tessuto sociale del paese. Tra il 1945 e il 1964 negli Stati Uniti nacquero ottanta milioni di bambini. Il boom delle nascite rappresentò uno dei numerosi sviluppi che alterarono lo sfruttamento dell'ambiente e delle infrastrutture. Secondo la storica Elaine Tyler May "nei quattro anni successivi al conflitto gli americani acquistarono 21.4 milioni di automobili, 20 milioni di frigoriferi, 5.5 milioni di cucine, 11.6 milioni di televisori trasferendosi ogni anno in più di un milione di nuove unità abitative".

Eliel Saarinen, Cranbrook Academy of Art a Bloomfield, Michigan, 1928–1929
Scorcio degli edifici che ospitano il museo e la biblioteca. A sinistra della scala un'opera dello scultore di origine svedese Carl Milles.

Questo trend dei consumi continuò per buona parte degli anni Cinquanta. Un senso di abbondanza e un illimitato appetito per i beni di consumo – alla base di quella che viene definita *l'estetica dell'abbondanza* – influenzò l'atmosfera progettuale di quegli anni. Eero utilizzò le infrastrutture e il know-how sviluppati dall'industria militare che veniva smantellata e convertita a scopi civili per creare un'architettura specifica della propria epoca.

Eero Sarinen fu in primo luogo e soprattutto un umanista che pensava a se stesso come a un esponente della seconda generazione di modernisti. La prima generazione, affermava, dovette far comprendere che la funzione era essa stessa generatrice di forma. Dal momento che questa lezione era ormai stata recepita, l'architettura poteva assolvere nuovi compiti e rispondere alle nuove esigenze della società post-bellica. Nelle parole di Eero, "l'architettura è l'arte del costruire e in quanto tale soddisfa due istanze umane: in primo luogo quella fisica, in secondo luogo quella spirituale. Nel soddisfare le necessità fisiche essa delimita e organizza gli spazi per le attività dell'uomo. Nel rispondere al bisogno spirituale, invece, esprime attraverso la forma le paure, le speranze e i desideri degli esseri umani." Questa definizione è l'espressione della totale devozione di Eero alla progettazione. Malgrado sia dato conoscere, attraverso l'immagine idealizzata dei grandi fotografi di architettura, solo una parte dei suoi progetti, egli ne produsse oltre duecento in venticinque anni di pratica. L'epica severità di molti

Eliel ed Eero Saarinen con Perkins, Wheeler e Will, Crow Island School, Winnetka, IL, 1938 – 1940
Per questa istituzione, che seguiva un programma educativo innovativo, Eero Saarinen disegnò mobili per bambini. A sua moglie, Lily Swann Saarinen, venne affidata la creazione di sculture in ceramica di animali.

dei lavori a lui commissionati e il carattere iconico delle sue opere sono una prova della sua ricerca del sublime in architettura. Avverso a qualsiasi formula progettuale prescrittiva, Saarinen era convinto che ogni problema avesse una soluzione specifica e che l'idea fondante di ciascun progetto dovesse essere seguita coerentemente in ogni sua fase, da quella concettuale sino alla realizzazione dei più piccoli dettagli. L'intento di esprimere gli aspetti programmatici attraverso la struttura, ciò che Saarinen definì "espressionismo strutturale", fu un aspetto importante della sua produzione. Egli affermava: "Penso che ciò sia dovuto al fatto che l'architettura moderna è ormai matura per affrontare i maggiori problemi espressivi". Per evitare regole e sistemi che codificassero la creatività omologando l'individualità, Saarinen indicò nell'intuizione la via attraverso la quale l'espressionismo poteva emergere pienamente, aggiungendo: "Lo spirito del tempo ci parla ma non sappiamo cosa sia. La sua influenza ci arriva attraverso l'intuizione e con l'intuizione deve essere sentito." L'impegno di Saarinen era rivolto alla ricerca di un'architettura che rappresentasse l'espressione del proprio tempo e fosse basata su principi fondamentali derivati dalla natura. Questa dimensione metafisica differenzia molte delle sue opere da quelle dei contemporanei. "L'uomo aveva paura, speranze, aspirazioni e il senso della caducità della vita. L'architettura attraverso le sue forme deve in qualche modo riflettere anche questo."

Istanze a carattere urbanistico informano le sue opere su vasta scala. Il General Motors Technical Center, progetto che ereditò da Eliel, e il Jefferson National Expansion Memorial presentato a un concorso vinto a scapito del padre, sono frammenti di utopie urbane. In queste opere la stabilità del progetto poggia su certezze rafforzate fisicamente in pianta e ideologicamente nella programmaticità contro l'anarchia di uno sviluppo non pianificato che Saarinen percepiva come conseguenza dei profondi mutamenti che la società postbellica stava attraversando. Il tasso di crescita indotto dalla produzione industriale è la caratteristica predominante della nostra civiltà. Ciononostante, Saarinen sosteneva che l'ambiente moderno dovesse recuperare la coerenza estetica propria dei centri medievali, in cui le tecniche costruttive e i materiali utilizzati erano legati al contesto. Questa visione spiega l'importanza attribuita da Saarinen al contesto fisico. Il modo in cui un edificio si inserisce nel continuum del tessuto urbano è l'aspetto centrale attraverso cui l'architettura afferma la

Eero Saarinen, modello per il progetto della Unfolding House, 1945
In questa proposta di abitazione unifamiliare realizzata in pannelli metallici prefabbricati, la copertura è composta da segmenti retraibili che, all'occorrenza, permettono di allungare il tetto fornendo un ulteriore spazio coperto.

propria presenza in un luogo. L'integrazione di vecchio e nuovo è pertanto un passaggio obbligato per la stratificazione della città moderna, come stanno a testimoniare i college Ezra Stiles e Morse alla Yale University. La creazione di un ambiente totalmente omogeneo emerge come un dovere per l'architetto contemporaneo. Saarinen sottolineava quale fosse la strada imboccata dalla disciplina affermando: "Direi che l'architettura moderna sta cercando di fornire e di dar forma all'ambiente per l'uomo del ventesimo secolo". Questa nuova missione si scontrava però con un fenomeno contemporaneo alla crescita urbana: la presenza dell'automobile. In un discorso tenuto con Victor Gruen di fronte ai membri dell'Economic Club di Detroit il 12 Novembre 1956, Eero affermò: "nel corso dei prossimi trent'anni l'architettura dovrà occuparsi dei bisogni e dei problemi sociali imposti dall'automobile. Il ridisegno delle aree centrali deteriorate e ormai inadatte delle nostre città e la costituzione di strutture culturali decentralizzate, fanno parte di questi problemi".

Il cambiamento complessivo nell'architettura e nell'industria delle costruzioni ebbe un impatto enorme sull'organizzazione del lavoro di Saarinen. Con l'emergere delle attività delle corporation, subito dopo la guerra, si delinea un nuovo profilo di clienti e architetti. Il capitale investito nella costruzione dei nuovi complessi e le nuove tipologie costruttive che essi rappresentavano erano una caratteristica specifica di quel periodo. Saarinen operò del tutto a proprio agio in questo contesto e offrì ciò che per lui rappresentava l'espressione dell'epoca

Alcuni mobili disegnati da Charles Eames ed Eero Saarinen
Questo allestimento venne realizzato nel 1941 in occasione della mostra "Organic Design in Home Furnishings" presso il Museum of Modern Art di New York. Eames e Saarinen utilizzarono la tecnologia sviluppata dall'industria militare e ne mostrarono le possibili applicazioni nel design di mobili moderni.

moderna: la tecnologia. I pannelli prefabbricati in metallo divennero metafore attraverso cui esprimere un'immagine inedita dei luoghi di lavoro e dei nuovi centri delle città americane. L'assemblaggio in sito di componenti prefabbricate industrialmente, di dimensioni sempre più ampie, rimpiazzò le tradizionali facciate in mattoni e pietra. Ovunque fosse possibile Saarinen cercò di utilizzare tecnologie sviluppate da un'industria per la costruzione della sede di un'altra, pratica che egli definì "transfer tecnologico". Il connubio di architettura e ingegneria lo affascinava. A questo scopo, sostenne con convinzione l'uso di modelli tridimensionali durante tutto l'iter della progettazione, partendo da un'approssimativa bozza iniziale fino al modello in scala reale, al fine di approfondire la propria visione del progetto. Tuttavia la tecnologia fu solo uno dei fattori che influenzarono la nascita della progettazione moderna. Nel corso della stessa conferenza tenuta con Gruen Saarinen aggiunse: "penso che le forze che modelleranno l'architettura in futuro siano quattro – le stesse quattro che le diedero forma in passato . Queste forze sono sociali, economiche, tecnologiche ed estetiche. Nell'interazione tra queste, e nell'interpretazione che l'uomo ne dà, si crea l'architettura."

I mezzi di comunicazione prestavano notevole attenzione a Saarinen che, dopo il progetto del General Motors Technical Center, era divenuto un personaggio pubblico. Nel corso della sua prolifica carriera egli seppe mantenere vivi i contatti ereditati dal padre con le più importanti riviste di architettura del paese. Ma anche la stampa popolare era attratta dalla sua figura: il *Time* gli dedicò la copertina nel numero del 2 Luglio 1956. Aline, la seconda moglie di Eero, fu preziosa nella gestione della sua immagine pubblica attraverso la stampa. Aline B. Louchheim, storica dell'arte, ex associate editor e critica d'arte per il *New York Times*, sposò Eero nel 1953. Dalla loro unione nacque un figlio che chiamarono Eames in onore del loro adorato amico Charles. Come reponsabile delle relazioni pubbliche presso Eero Saarinen & Associates, Aline gestiva i contatti esterni e adottò strategie di marketing specifiche, volte a promuovere ciascun progetto in ogni fase del suo sviluppo. Suddivideva le campagne promozionali in quattro fasi cruciali, individuando ogni opportunità di incrementare l'efficacia per ciascun livello: 1) Decisione di costruire o assegnazione dell'incarico. 2) Accettazione del progetto, vittoria del concorso o inizio dei lavori. 3) Costruzione. 4) Completamento o

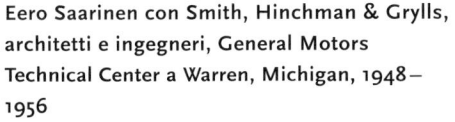

Eero Saarinen con Smith, Hinchman & Grylls, architetti e ingegneri, General Motors Technical Center a Warren, Michigan, 1948–1956
Esposizione di un'auto nello Styling Auditorium

TWA Terminal, JFK International Airport, New York, 1956–1962
Metafora del volo realizzata in calcestruzzo, a suo tempo celebrata come un punto di svolta dell'architettura, questa struttura è oggi inutilizzata e la sua sorte resta incerta.

inaugurazione. Aline faceva notare che "la quarta fase rappresenta il momento culminante in cui tutti gli sforzi delle pubbliche relazioni convergono." Questo tipo di approccio era molto efficace nello spostare i riflettori su Eero, il quale, sebbene fosse aggressivo nel perseguire i suoi obiettivi creativi, era una persona piuttosto riservata nelle situazioni più informali.

Il 15 settembre 1960 venne predisposto il piano per trasferire lo studio al numero 20 di Davis Street ad Hamden, nel Conneticut, a due miglia di distanza dal centro di New Haven, vicino al confine nord della città. Il produttore di sigarette David Grave era proprietario della futura sede, una residenza privata simile a un castello chiamata Lucerne. Costruita all'inizio del secolo, Lucerne contava 17 stanze e offriva 650 metri quadrati di spazio. Col proposito di aggiungerne altri 1.800 da utilizzare in maniera flessibile, Saarinen scelse questa località sia perché era un centro culturale, in virtù della sua vicinanza all'università di Yale, sia un luogo ideale per crescere i figli anche con un reddito relativamente modesto, criterio questo che lo portò sin dall'inizio a scartare New York. Il piano prevedeva di traslocare non prima del Labor Day del 1961. La ragione alla base di questa decisione era che la maggior parte delle attività dello studio era concentrata ad est. "Due terzi del tempo che impieghiamo viaggiando – e l'enorme spesa che ciò comporta – sono dovuti a spostamenti da e per New York. Molti dei nostri consulenti si trovano lì". Il 14 Agosto 1961, Eero Sarinen iniziò ad accusare problemi di salute. Trasportato allo University Hospital di Ann Arbor, nel Michigan, il 21 Agosto, vi morì il primo di settembre dopo un intervento chirurgico durato due ore. La sua morte prematura, dovuta alle complicazioni di un tumore al cervello, lasciò un drammatico vuoto nella direzione dello studio che era in piena espansione e febbrilmente all'opera su più di dieci progetti a differenti stadi di sviluppo. Lo studio Eero Saarinen & Associates contava su uno staff di quasi cento persone. I due partner ancora in vita erano Joseph N. Lacy e John Dinkeloo. Kevin Roche, che si era unito allo studio nel 1950, dopo aver lavorato con Maxwell Fry a Londra e Mies van der Rohe a Chicago, era a capo dell'ufficio di progettazione. Nonostante la grave perdita i due partner annunciarono che lo studio si sarebbe spostato nel Conneticut l'8 Settembre 1961, così come previsto. Grazie alla devozione di Aline e al valore del gruppo di lavoro, Eero Saarinen & Associates proseguì le proprie attività, completando i progetti in corso e cercando attivamente

di ottenere nuove commissioni. Lo studio fu selezionato per la realizzazione dell'Oakland Museum of California – un incarico seguito da Kevin Roche e John Dinkeloo – e partecipò ad altri concorsi, tra cui quello per la Hall of Sciences di Berkeley in California. Per un triste caso del destino, anche ad Aline venne diagnosticato un tumore al cervello, a causa del quale morì dieci anni dopo Eero. Kevin Roche e John Dinkeloo ereditarono la società, la cui sede si trovava ancora a Hamden, e furono responsabili di alcune tra le opere più significative realizzate nel corso degli anni seguenti, come la sede della Ford Foundation di New York. Sebbene siano trascorsi oltre quattro decenni dalla morte di Eero Saarinen, una profonda comprensione del suo contributo all'architettura moderna non è stata ancora raggiunta. Mentre nuovi materiali d'archivio sono stati portati alla luce negli ultimi anni e un nuovo approccio al modernismo ha come conseguenza una diversa valutazione dei suoi protagonisti, vengono scritti ulteriori capitoli critici sull'eredità culturale di Eero Saarinen. Cesar Pelli, Robert Venturi, Chick Basset (SOM), Gunnar Birkerts e Don Knor (Case Study House #19) sono solo alcuni dei progettisti divenuti celebri dopo aver lavorato con Saarinen agli inizi delle loro carriere. Commentando i tempi richiesti dall'effettiva realizzazione di un progetto, Eero aveva detto ad Aline: "L'architettura ha tempi da elefante." Questa affermazione non è mai stata tanto vera quanto nel suo caso. Egli non ha potuto assistere al completamento del Trans World Airlines Terminal presso l'Idlewild International Airport – ora JFK – del Dulles International Airport di Chantilly in Virginia, dei laboratori della Bell Telephone Inc. a Holmdel in New Jersey, della sede amministrativa della Deere Company a Moline nell'Illinois, del Jefferson National Expansion Memorial di St. Louis nel Missouri e di molti altri progetti che aveva sviluppato. In ogni caso l'influenza della sua devozione ai valori fondamentali dell'architettura moderna è giunta sino ad oggi con la forza morale che lo stesso Saarinen ha spesso attribuito a Mies van der Rohe.

1937–1959 ▸ Music Shed

Lenox, Massachusetts ▸ Eliel e Eero Saarinen, Swanson, Bolt, Beranek e Newman

Pagina accanto:

Teatro e sala per concerti
Veduta esterna dell'ingresso principale caratterizzato da cinque archi in legno lamellare

La musica fu una presenza costante nell'ambiente familiare dei Saarinen. Eliel godette dell'amicizia di compositori quali Jean Sibelius e Gustav Mahler. Il Music Shed di Tanglewood, sede estiva della Boston Symphony Orchestra, a Lenox in Massachussets, costituisce un esempio di come questo genere di relazioni, e gli incarichi che ne derivavano, passarono di padre in figlio. Poiché il padiglione utilizzato per i concerti estivi era stato distrutto da un temporale, il direttore dell'orchestra, Serge Koussevitzky, chiese con insistenza la costruzione di una struttura più solida, per la quale venne contattato Eliel Saarinen, segnando così l'inizio di una lunga collaborazione con il Berkshire Music Center.

Eliel Saarinen visitò il luogo nell'Agosto 1937 e preparò disegni ambiziosi per il Berkshire Music Center, in collaborazione con Koussevitzky. Poiché la proposta fatta era eccessiva sia rispetto al budget prefissato sia per le necessità immediate legate al Berkshire Symphonic Festival, venne chiesto a Saarinen di ridimensionarla. Alla fine un ingegnere locale, Joseph Franz, semplificò il progetto e realizzò un padiglione musicale semi aperto. Nel 1938 il Music Shed (oggi Koussevitzky Music Shed) era pronto.

Tre anni dopo Eliel e Arno Saarinen realizzarono il teatro e sala per concerti, aperto nel luglio 1941. L'utilizzo di materiali semplici e di elementi componibili rispondevano le esigenze economiche, estetiche e acustiche. I montanti a vista in legno e il tipo di pavimentazione favorivano la diffusione omogenea del suono. Cinque archi (poi rimossi) sorreggevano il soffitto a gradoni. A partire dall'entrata al piano terra gli angoli divergenti del pavimento e del soffitto creavano uno spazio che raggiungeva l'altezza massima in coincidenza del palco.

Il teatro segnò una radicale svolta rispetto allo stile serenamente imponente tipico dell'architettura di Eliel. L'intervento di Eero può essere individuato nelle nuove forme derivate da una sensibilità più modernista. Il tetto appeso a un arco sembra ispirarsi alla proposta, del 1931, fatta da Le Corbusier per il Palazzo dei Soviet che adottava, su diversa scala, lo stesso concetto. Henry Russel Hitchcock e Arthur Drexler inclusero l'edificio nel loro catalogo per la mostra *Built in USA: Post War Architecture*, tenutasi al Museum of Modern Art di New York nel 1952.

Nel 1959 lo studio Eero Saarinen & Associates collaborò con gli esperti di acustica Bolt, Beranek e Newman per l'installazione dell'Edmund Hawes Talbot Orchestra Canopy all'interno del Music Shed. I pannelli appesi al soffitto, come uccelli in volo, sembrano preludere ai due importanti progetti di aeroporti completati di lì a poco.

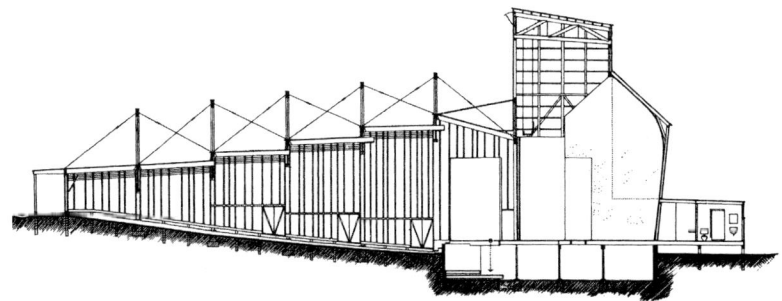

Sezione
Partendo dall'ingresso principale, l'angolo della sezione cambia con l'avvicinarsi al palco, accorgimento che permette di migliorare l'acustica.

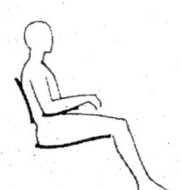

C O N V E R S A T I O N

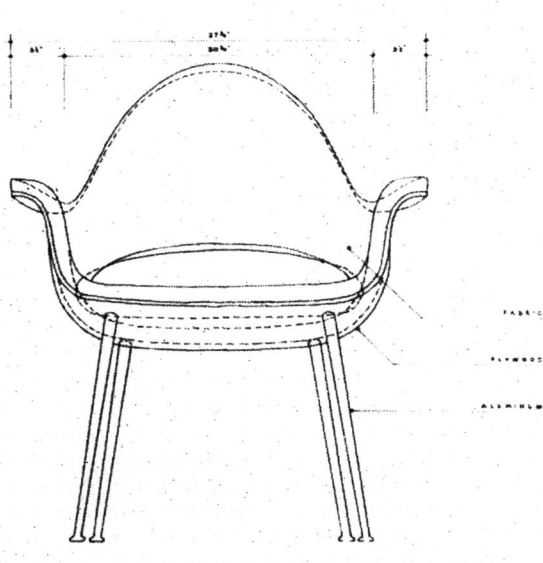

FABRIC

PLYWOOD

ALUMINUM

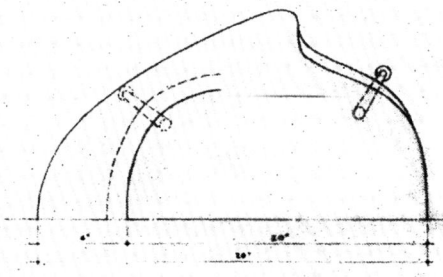

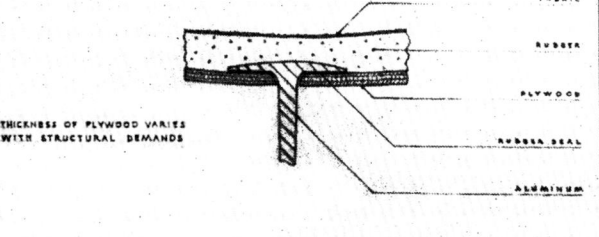

THICKNESS OF PLYWOOD VARIES
WITH STRUCTURAL DEMANDS

FABRIC

RUBBER

PLYWOOD

RUBBER SEAL

ALUMINUM

ONE QUARTER FULL SIZE

1940 ▸ Mobili organici
con Charles Eames

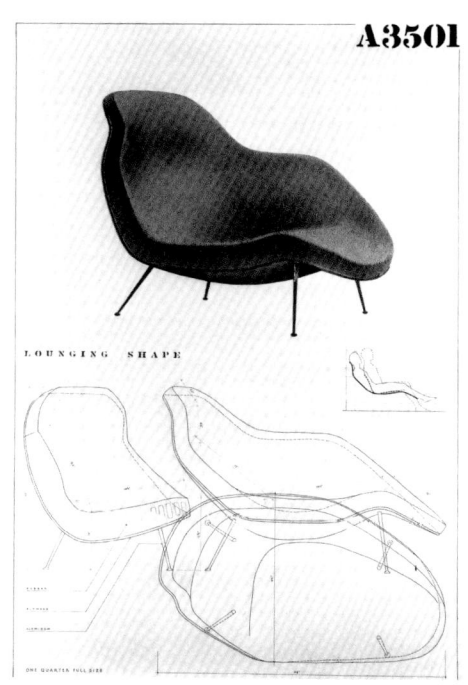

A3501

"Forma per distendersi"
Disegno di concorso

Eero Saarinen e Charles Eames si conobbero alla Cranbrook Academy Of Art, della quale Eames divenne membro nel 1936. Quando Eames e sua moglie Ray Kaiser si trasferirono in California, nel 1941, fu un legame fraterno, piuttosto che una semplice conoscenza, a tenere uniti i due amici. La loro corrispondenza è ricca di battute affettuose e disegni scherzosi che testimoniano la profondità della loro reciproca ammirazione. Eames è il nome che Eero diede al figlio nato nel 1954 dalla seconda moglie Aline B. Louchheim. Sebbene Eero avesse raggiunto la fama come architetto e Eames come designer, la progettazione di mobili fornì loro il terreno comune sul quale la sensibilità di entrambi poteva integrarsi in un unico prodotto.

Il Museum of Modern Art (MoMA) di New York fu uno dei canali principali per la diffusione del Modernismo nello stile di vita americano. Concorsi, mostre, saggi e conferenze furono gli strumenti culturali attraverso i quali il movimento modernista poteva attrarre l'attenzione delle corporation così come delle masse lavoratrici. La middle class americana della fine degli anni Trenta faticava ad accettare prodotti realizzati secondo l'estetica della Bauhaus. La tendenza generale era, all'opposto, quella di aggrapparsi ai canoni tradizionali in fatto di arredamento domestico. Pezzi di design scandinavo e finlandese erano le uniche influenze esterne accettate negli ambienti più progressisti.

Nel 1940, l'architetto Eliot F. Noyes annunciò il bando del concorso, di cui era curatore per il MoMA, Organic Design in Home Furnishings. Gli organizzatori richiedevano una proposta completamente nuova basato su economicità, fruibilità funzionale e tecniche industriali aggiornate. L'enfasi era posta sul creare una nuova linea di oggetti contemporanei per il mercato privato. Negli anni successivi le industrie avrebbero riportato la propria attenzione sul settore degli arredamenti per ufficio, nei quali i progressi tecnologici erano recepiti più facilmente. Tra i membri della giuria del concorso figuravano Alvar Aalto, Marcel Breuer, Edward Durrel Stone e il curatore del museo, Alfred Barr.

Saarinen e Eames presero parte al concorso con otto progetti, aggiudicandosi il primo premio. Il punto di forza delle loro proposte era l'adozione di tecnologie mediate dall'industria bellica, settore totalmente svincolato, nella realizzazione di nuovi prodotti, dall'influenza della tradizione artistica. Ciò che veniva prodotto in quelle fabbriche rappresentava la quintessenza dell'efficienza e della funzionalità ed era di fatto privo di vincoli formali. Saarinen e Eames stabilirono in primo luogo quali fossero le esigenze cui l'arredamento moderno doveva rispondere e, in secondo luogo, indagarono quali potessero essere i materiali adeguati per soddisfarle. Il risultato fu la creazione di sedute dalle forme anatomiche con un guscio a tre curve in laminato e imbottitura in gommapiuma. La Haskelite Corporation realizzò il guscio in compensato derivandolo da uno stampo metallico. Con il profilarsi della guerra i progetti per la produzione in serie dei prototipi vennero però accantonati e questi oggetti vennero prodotti solo più tardi e in un numero limitato.

Pagina accanto:
"Sedia per la conversazione"
Disegno di concorso. Queste forme organiche caratterizzeranno le sedute disegnate più tardi da Saarinen per Knoll & Associates.

1945–1949·Case Study House #9
Pacific Palisades, California ▸ con Charles Eames

Pagina accanto:

Immagine notturna del living visto dalla terrazza

Al contrario della Case Study House #8, dove la struttura determinava l'espressione architettonica, una serie di piani astratti orizzontali e verticali delineava la partizione interna della Case Study House #9.

A destra:

Disegno con i prospetti della casa

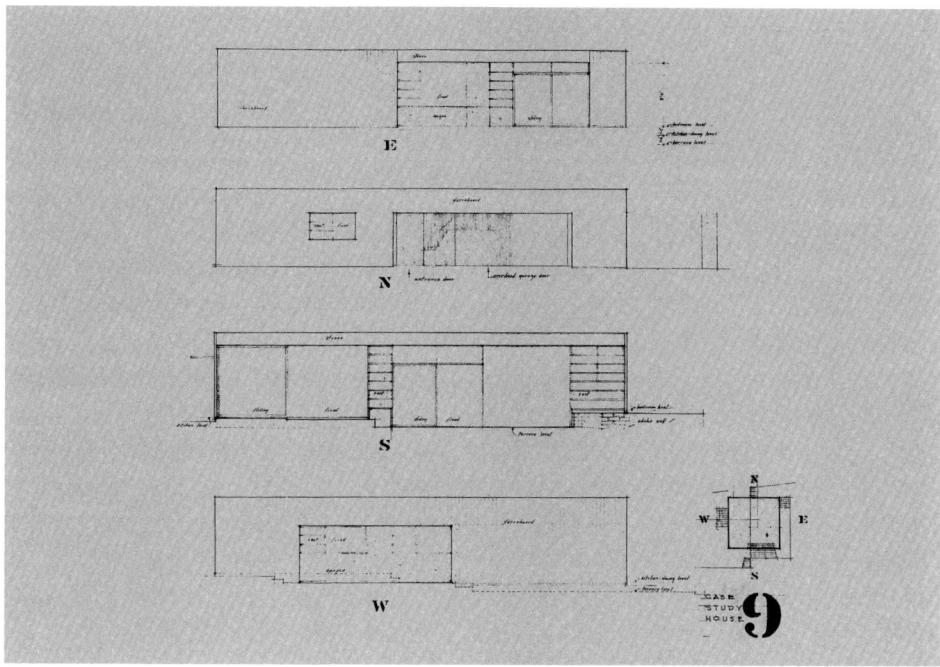

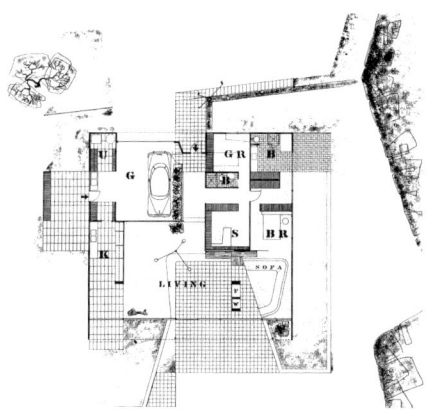

Pianta del sito

Lo sviluppo di prototipi per gli spazi abitativi moderni fu quasi un'ossessione nel dibattito di metà secolo. La questione del carattere architettonico dell'ambiente domestico e lo stile di vita per il quale era concepito erano ritenuti talmente basilari per definire l'identità dell'individuo del dopoguerra. Gli architetti modernisti ne fecero perciò una priorità, almeno per offrire esempi concreti di come la tecnologia e la vita contemporanea potessero fondersi. Col rapido espandersi delle periferie, fenomeno che in California ebbe una rilevanza ancora maggiore, innumerevoli concorsi si tennero negli Stati Uniti, con l'obiettivo comune di offrire una versione moderna dell'abitazione unifamiliare. Nel numero di gennaio del 1945, il caporedattore della rivista *Arts & Architecture*, John Entenza, pubblicò un manifesto in cui metteva in evidenza l'importanza dell'utilizzo di elementi costruttivi prodotti in serie per fissare nuovi standard nella costruzione e nella progettazione di abitazioni moderne e accessibili per tutti.

Case Study House #9, progettata per John Entenza, vide la collaborazione di Eero Saarinen e Charles Eames. La casa è collocata accanto a Case Study House #8, conosciuta anche come Eames Residence. La planimetria del sito mostra come i due edifici, pur essendo stati progettati contemporaneamente, fossero espressioni architettoniche radicalmente diverse. Quando *Arts & Architecture* le pubblicò, Saarinen e Eames vennero indicati quali progettisti di entrambe. Tuttavia, Saarinen fu coinvolto nella fase costruttiva solo di Case Study House #9.

Il progetto è sorprendentemente semplice in pianta. Un modulo di circa 2,30 metri determina la disposizione delle partizioni interne in uno spazio di 16,15 metri quadrati.

Veduta del fronte ovest
Le aperture permettono alla luce esterna di
entrare nella cucina e nel garage.

A destra:
Living
Il camino nel living aperto, con l'area
conversazione incavata, rafforza il senso della
separazione funzionale tra le diverse aree.

Veduta dei fronti nord e ovest
Dal fronte nord, in cui si apre l'ingresso al garage, si estende una cortina che cela l'area notte rivolta a est.

Il volume appare compatto su tre dei quattro lati, che possiedono solo poche aperture. Il quarto lato sfrutta appieno la sua esposizione a sud, con una vetrata a tutta altezza che inquadra la vista sull'Oceano Pacifico. Un soffitto di strette strisce in legno, interrotto solo da una colonna, cela completamente la struttura in acciaio. Una zona incavata del living, parzialmente suddiviso dal camino, fornisce una divisione funzionale pur lasciando aperto il campo visivo. Architettura e design sono integrati al massimo livello. Eames e Saarinen condividevano l'idea che l'attività di progettazione riguardasse tutti i manufatti, indipendentemente dalla loro scala. Insieme realizzarono Case Study House #9, un raro esempio di total design. Molti dei pezzi di arredamento che avevano precedentemente creato trovarono un'attenta collocazione all'interno della casa. Responsabile ingegneristico della Case Study House #8, nella sua prima versione, e della Case Study House #9 fu Edgardo Contini, che si era occupato degli aspetti strutturali di molti tra i progetti del Modernismo californiano. Case Study House #9 fu venduta subito dopo il suo completamento e il suo aspetto originale venne presto modificato.

1947–1948 ▸ Poltrona Womb

Modello No. 70, Knoll & Associates

Poltrona Womb e ottomana

Questa sedia, che riscosse un successo immediato, è ancora in produzione. Nel suo design sono rintracciabili riferimenti formali alla "Sedia per la conversazione" e alla "Forma per distendersi" disegnate da Saarinen e Eames nel 1940.

La poltrona Womb fu il secondo pezzo disegnato da Saarinen per la Knoll & Associates. Il primo fu il modello 61U – sedia e sgabello – noto col nome di Grasshopper. La Grasshopper, disegnata nel 1946, si rifaceva alla poltrona Paimio creata da Alvar alto nel 1931 e alla poltrona di Bruno Masson del 1934, e restò in produzione per più di dieci anni.

Il rapporto professionale tra Eero Saarinen e Hans Knoll (1914–1955) ha origine nel gruppo di talenti emersi alla Cranbrook Accademy of Art a Bloomfield Hills nel Michigan. Knoll, nato in Germania, si era trasferito negli Stati Uniti nel 1937, dopo un breve soggiorno in Inghilterra. Nel 1938 fondò la Hans G. Knoll Forniture Company e iniziò una collaborazione col designer danese Jens Risom. Nel 1944 sposò Florence Schust che divenne sua partner sia per il design sia nella gestione dell'azienda. Florence aveva studiato a Cranbrook con Saarinen, Charles Eames, Harry Bertoia e Harry Weese. Quando Knoll terminò la sua collaborazione con Risom, si rivolse a Saarinen, tra gli altri, per creare oggetti dal design innovativo, fondato su un'estetica industriale.

Dietro suggerimento di Florence, Saarinen venne invitato a sviluppare la sedia di compensato modellato con la quale lui e Eames avevano vinto nel 1940 il concorso di design organico del MoMA. Con la poltrona Womb Saarinen firmò un manifesto della sua personale concezione di seduta per l'uomo del dopoguerra. Comodità, innovazione tecnologica ed espressione individuale erano i tre pilastri del suo design. "Le persone si siedono in modo diverso al giorno d'oggi rispetto a come si sedevano in epoca vittoriana", commentò.

Come fece Saarinen a tradurre la sua intuizione in un'elaborazione adeguata al proprio tempo?

Al posto di creare uno appoggio fisico per poche posizioni predefinite, egli pensò una seduta che offriva al corpo una varietà di modi informali per occuparla. Introdurre la possibilità di sedersi assumendo una postura informale nell'ambiente domestico costituiva per Saarinen il modo di affermare che l'arredamento moderno poteva essere realmente comodo e accogliente senza perdere la sua connotazione contemporanea.

I continui riferimenti al grembo materno, così come lo stesso Saarinen notava, testimoniavano la crescente diffusione della psicoanalisi nella cultura postbellica. Le persone che si accomodavano nella poltrona, in particolar modo le donne, dovevano sentirsi protette e in grado di rilassarsi, sottolineava con enfasi l'architetto. Composta da un guscio in fibra di vetro rivestito in tessuto, su una base in acciaio cromato lucido, la poltrona Womb ricevette riconoscimenti pressoché immediati ed è ormai un classico. Il suo design, che mantiene la separazione tra il sedile e le gambe, è chiaramente derivato dai primi lavori di Saarinen. La poltrona offre "una seduta accogliente" affermò Saarinen, "in particolar modo quando vi si siede una donna". Dal momento della loro creazione la poltrona e lo sgabello imbottito Womb sono stati prodotti ininterrottamente.

Manifesto con la Sedia in plastica stampata di Saarinen, 1948

1947–1968 ▸ Jefferson National Expansion Memorial

Museo, 1976; Sistemazione paesaggistica, 1980 ▸ St. Louis, Missouri

Veduta da ovest

Nel 1947 Eliel ed Eero Saarinen parteciparono separatamente al concorso per la realizzazione del Jefferson National Expansion Memorial. Era la prima occasione nella quale padre e figlio si trovavano a competere su versanti opposti, per di più in uno dei maggiori concorsi di architettura del periodo postbellico negli Stati Uniti. La somma notevole di 40.000 dollari offerta per il primo premio rappresentava solo l'aspetto economico dell'importanza attribuita a questo progetto nel rappresentare il modo in cui gli Americani interpretavano il proprio passato. La Jefferson National Expansion Memorial Association fu fondata nel 1934 per dare impulso alla realizzazione di un monumento che commemorasse il Louisiana Purchase, negoziato durante la presidenza di Thomas Jefferson per acquisire tutti i territori francesi nel bacino occidentale del Mississippi, facilitando così l'espansione della frontiera verso ovest. Il concorso, aperto ai cittadini americani, attirò molti nomi importanti dell'architettura del nuovo continente, tra i quali Walter Gropius, Eliel Saarinen, Charles Eames, Skidmore, Owings & Merril, Louis Kahn, Eugene Mackey, Edward D. Stone e Kazumi Adachi.

In vista della partecipazione al concorso Eero creò un'équipe che comprendeva la sua prima moglie – la scultrice Lily Swann –, il paesaggista Dan Kiley, l'interior designer Alexander H. Girard e l'architetto Jay Henderson Barr. Alcune settimane più tardi, Eliel venne informato tramite telegramma che era stato selezionato come uno dei cinque finalisti ammessi alla seconda fase. Mentre la famiglia e gli amici stavano ancora festeggiando il risultato, tre giorni dopo una lettera rettificò la comunicazione precedente specificando che Eero, e non Eliel, avrebbe preso parte alla fase successiva. Fu in quel momento che il figlio divenne realmente un architetto agli occhi del padre.

La caratteristica distintiva della sua proposta era un arco di proporzioni giganti, visibile da molto lontano, che doveva sorgere in un parco lussureggiante. La prima versione del progetto prevedeva all'interno del parco un gruppo di strutture ausiliarie, disposte attorno all'icona principale, che nelle successive versioni vennero sacrificate, fatta eccezione per il museo sotterraneo, a causa del budget limitato. In gioventù Eero aveva viaggiato in Europa e in Medio Oriente e aveva conosciuto direttamente l'architettura delle antiche civiltà. Gli archi di trionfo di Roma, come quelli di Settimio Severo e di Costantino, erano monumenti celebrativi destinati alla memoria collettiva di avvenimenti rilevanti per l'intero impero. Il loro fascino si sedimentò naturalmente nella mente di un architetto che era alla ricerca di qualcosa di duraturo in un'epoca dominata dai mutamenti tecnologici. Eero intendeva progettare "un simbolo dal significato imperituro. Tuttavia né un obelisco, né un volume rettangolare, né una cupola sembravano essere adeguati a quel luogo e per quel proposito; piuttosto un grande arco sulla riva del fiume poteva rappresentare la soluzione." Questo messaggio così essenziale fu molto apprezzato dalla giuria che comprendeva, quale presidente, l'architetto e preside della School of Architecture alla University of California di Berkeley, William Wurstel, e Richard Neutra. Saarinen fu apprezzato per l'interpretazione non convenzionale di una forma antica, attraverso una concezione moderna dell'architettura e l'uso di una tecnologia ingegneristica avanzata.

Un grosso ostacolo fu rappresentato dalla ricollocazione dei binari ferroviari situati sull'area interessata dal progetto, problema del quale si sarebbe dovuto occupare un settore specifico del suo studio per diversi anni. Nel 1957 la questione venne

Prospetto e sezione trasversale
Il complesso sistema di circolazione dietro l'apparente semplicità dell'idea architettonica è rappresentato dal layout delle scale in sezione.

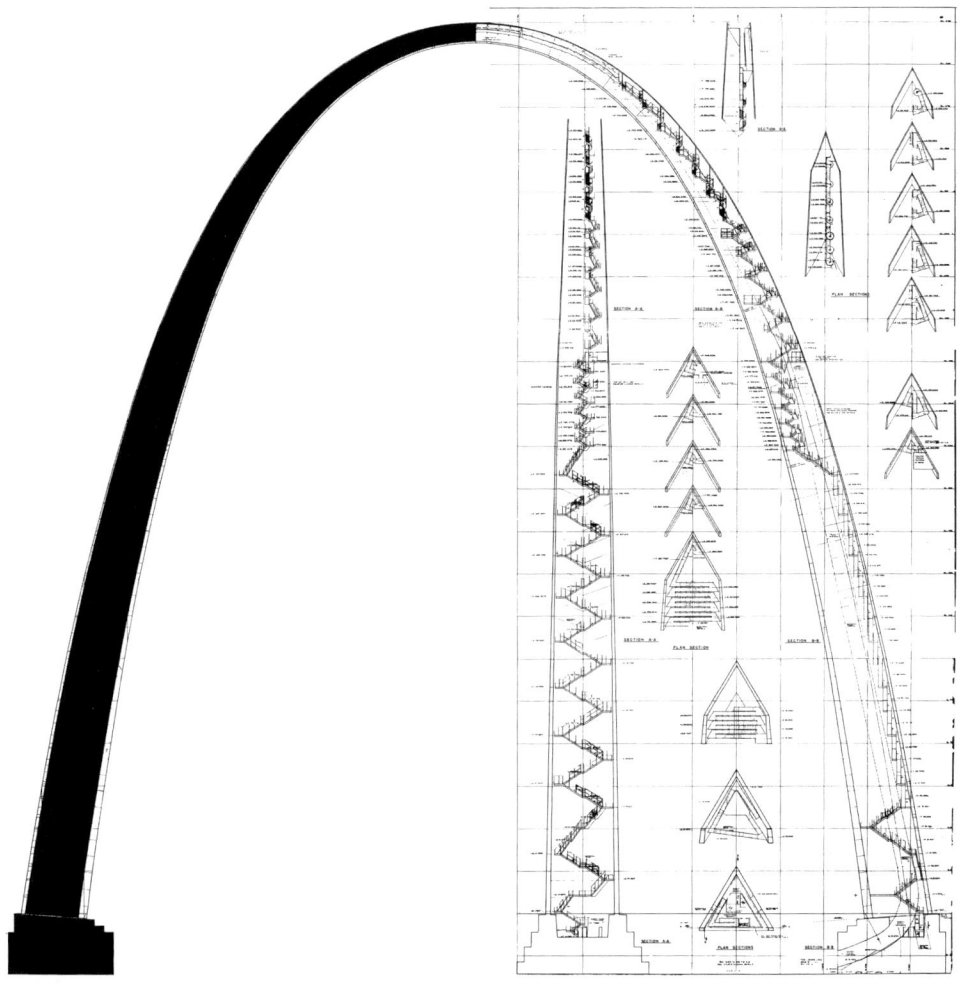

Piattaforma di osservazione nel colmo dell'arco

finalmente risolta e la effettiva realizzazione del monumento poteva iniziare. L'arco presentava tre grandi problemi: la sua forma, la sua costruzione e il sistema che doveva permettere ai visitatori di raggiungerne la cima. L'architetto sosteneva che l'arco fosse una curva catenaria rovesciata, ovvero la curva rovesciata descritta da una catena appesa. Ma che cosa comporta questa definizione ai fini dell'effettiva costruzione? Kevin Roche commentò: "Una catenaria è una linea. Una catena appesa è una linea. Quando ci appendi qualcosa questo qualcosa possiede un peso e ciò incide sulla linea. Ecco che diventa una catena appesantita. Ovviamente l'Arco non è una linea, si assottiglia un po' verso l'alto, e perciò il suo peso cambia; nella catenaria il peso della sezione trasversale, mentre scendiamo verso il basso, cambia e si distribuisce lungo la linea catenaria stessa." Il prodotto finale di questi complessi calcoli ingegneristici è un arco di 192 metri di altezza che si eleva da una base ampia 192 metri, costruito attraverso una struttura composta di acciaio inossidabile e calcestruzzo. Modellata a forma di triangolo equilatero, la sezione trasversale dell'arco misura 16,46 metri alla base e 5,18 metri al colmo.

Situata di fronte alle rive del Mississippi, "la porta dell'ovest", come viene chiamato l'arco, è divenuta un elemento dominante nello skyline di St. Louis. La realizzazione del monumento fu un capitolo che richiese una straordinaria perseveranza, persino per un architetto della tempra di Saarinen che ha sempre accettato di buon grado le sfide impossibili. Sono occorsi vent'anni, dal 1947 al 1968, per realizzare questo progetto che non aveva precedenti nel suo genere. Nella fase iniziale, Saarinen coinvolse l'ingegnere strutturale Fred Severud dello studio Severud, Elstad e Kruger, il quale fu particolarmente prezioso per l'ingegneristica alla base della costruzione dell'arco. Saarinen, morto nel 1961, non vide mai l'arco completato. Il suo staff, diretto da John Dinkeloo, portò a compimento questa avventura con la cerimonia d'inaugurazione del 1968. Il museo non fu completato fino al 1976 e la progettazione del paesaggio fino al 1980.

1948–1956 ▸ General Motors Technical Center
Warren, Michigan ▸ con Smith, Hinchman & Grylls, architetti e ingegneri

Veduta dell'edificio della sezione ingegneristica

Schizzo dell'interno di un ufficio, 1955

L'industria automobilistica americana aveva il suo cuore pulsante a Detroit. I giganti del settore, come la Ford, la General Motors e la Chrysler, rappresentarvano forze enormi nell'economia del paese. La portata della loro influenza fu tale che termini come "fordismo" vennero adottati a livello mondiale per descrivere un particolare tipo di rapporto tra produzione in serie e consumo di massa. Queste industrie portarono modifiche talmente profonde nell'organizzazione del lavoro da influenzare di fatto ogni tipo di professione. L'architettura non fece eccezione. Gli studi che avevano la loro sede a Detroit, come Albert Kahn e Smith o Hincman & Grylls, impiegavano migliaia di dipendenti che progettavano stabilimenti industriali da costruire negli Stati Uniti e all'estero, fondando sulla catena di montaggio l'organizzazione dei processi lavorativi.

A Eliel Saarinen e Robert Swanson furono affidati nel 1945 gli studi preliminari del General Motors Technical Center, da costruire alle porte di Detroit. In questa prima fase vennero affrontati importanti aspetti progettuali che riguardavano la configurazione di quella che sarebbe divenuta un'utopia modernista. Probabilmente la scelta più importante fu quella di disporre tutti i blocchi del complesso attorno a un lago di 8,9 ettari. Quando il progetto venne riproposto allo studio nel 1948, Eero ebbe un ruolo fondamentale nel dargli forma e nel completarlo. Visti i costi – si trattava infatti di una spesa di oltre 70 milioni di dollari – sarebbe stato presumibilmente l'incarico più ambizioso affidatogli. Nella visione del committente l'obiettivo era realizzare un centro di altissimo livello per attrarre ricercatori di talento e sviluppare prodotti dagli standard elevati in grado di soddisfare il crescente appetito del consumatore del dopoguerra.

Conoscitore dell'opera di Albert Kahn e sensibile all'estetica di Mies van der Rohe, Saarinen cercò di conferire una completa flessibilità agli interni, rendendo omogenea

Scorcio con l'edificio della sezione stilistica e,
sullo sfondo, la cupola dell'auditorium

A destra:
Firebird III, 1958
Veicolo sperimentale della GM

l'immagine del complesso. Per lui l'architettura doveva esprimere chiaramente gli intenti del committente e, poiché la General Motors puntava sulla precisione con cui realizzava i propri prodotti, l'architettura del suo quartier generale avrebbe dovuto riflettere questa caratteristica. Su un terreno di 129 ettari gli architetti disposero una serie di strutture allungate per ospitare cinque divisioni organizzative: sezione di ricerca, sezione ingegneristica, sviluppo dei processi produttivi, sezione stilistica e sezione servizi. Per ogni sezione Saarinen dispose cinque gruppi di strutture, per un totale di 25 edifici, tutti basati su un modulo di 1,52 metri al fine di ottimizzare l'utilizzo dello spazio e la modularità di numerosi elementi costruttivi.

Ogni blocco possiede tre piani e un ingresso indipendente. Per conferire loro identità distinte, le facciate alle estremità degli edifici sono state rivestite con mattoni smaltati di differenti colori. L'idea venne sviluppata con la ceramista Maija Grotell, trasferitasi dalla Finlandia nel 1927 e faculty member alla Cranbrook Academy of Art. Queste superfici, di circa 12 metri, "erano muri monocromi simili a tessere di spazio colorato collocate nello spazio, mentre le pareti vetrate comprese tra queste estremità si armonizzavano con la natura... Tutte le superfici smaltate della General Motors erano fatte di un materiale che fino ad allora non esisteva. Avevamo dei mattoni, li infilammo in un forno per scoprire cosa sarebbe successo cuocendoli una seconda volta con lo smalto, e ottenemmo un bel risultato."

Il fronte della sezione ingegneristica verso il ristorante

Cadillac Serie 62, quattro porte Sedan, 1960
L'intento di Saarinen era un'"architettura di precisione" che rendesse omaggio ai veicoli prodotti in serie dalla General Motors.

Scala spiraliforme nell'edificio amministrativo della sezione ricerca

Lo Styling Auditorium richiese un'attenta progettazione. Quando nuovi modelli di automobili venivano mostrati in questo spazio imponente, la superficie ricurva e luminosa delle carrozzerie tendeva a riflettere le fonti luce. Per ottenere un'illuminazione più diffusa, Saarinen scelse di realizzare una cupola, facendo giungere la luce all'interno da una rientranza alla base della struttura. Aline Saarinen ricorda come per questo progetto venissero costantemente realizzati modelli: "una palla da tennis tagliata in due parti servì per discutere della realizzazione della volta dello Styling Auditorium alla General Motors". La cupola, con 56,69 metri di diametro e un'altezza di 19,81 metri, fu ricoperta di pannelli di acciaio inossidabile utilizzando la tecnica costruttiva dei recipienti a pressione. Questo fu solo uno degli espedienti tecnici utilizzati per esprimere metaforicamente l'idea della precisione nella realizzazione dei dettagli. Altri furono la guarnizione di neoprene per assicurare e sigillare le vetrate nelle loro strutture metalliche, il pannello-sandwich di metallo e porcellana smaltata, spesso cinque centimetri, il mattone smaltato o il soffitto "luminoso". Messe a punto per questo progetto sfruttando le risorse e il bagaglio tecnico del personale della General Motors, queste novità vennero in seguito adottate comunemente nell'industria delle costruzioni.

Lo scultore Alexander Calder creò giochi d'acqua con i 21 getti della sua fontana, una delle numerose che punteggiano il lago al centro del progetto del paesaggista di San Francisco Thomas D. Church. All'interno del lago il serbatoio dell'acqua in acciaio inossidabile rappresenta un'icona verticale che fa da contraltare all'assoluta orizzontalità del complesso. La sistematica esplorazione delle diverse varianti, tipica del processo creativo di Saarinen, risulta evidente nei trenta modelli realizzati e nei 500 o 600 schizzi disegnati prima di giungere a una decisione. "Questo serbatoio in acciaio inossidabile, alto circa 42 metri, è l'elemento verticale più importante di tutto il Technical Center".

Particolarmente interessanti per la loro originalità sono inoltre la scala spiraliforme nella lobby dell'edificio amministrativo della sezione di ricerca e le scale sospese da sottili barre in acciaio inossidabile della sezione stilistica.

Master plan disegnato da J. Henderson Barr
In questa prima versione del master plan lo Styling Auditorium non ha ancora assunto la sua forma finale.

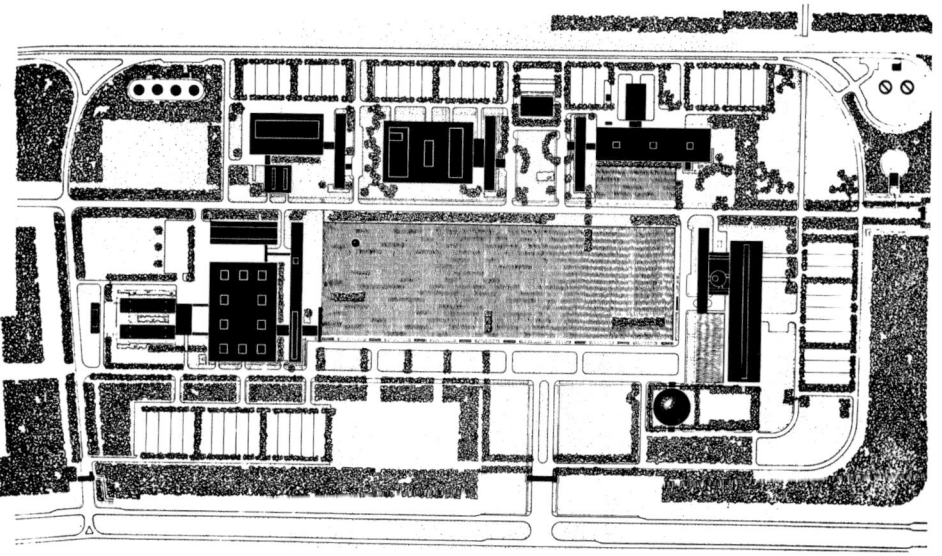

1950−1955 ▸ Auditorium e cappella Kresge
MIT ▸ Cambridge, Massachusetts

Supporto di ancoraggio della copertura

Nei primi anni '50 nell'architettura di Saarinen iniziano a comparire forme scultoree. L'estetica delle sue opere oscilla così tra il linguaggio miesiano del General Motors Technical Center e l'esplorazione delle forme organiche incarnata dal Trans World Airlines Terminal. Don Knorr, l'architetto che disegnò la proposta per la Case Study House #19 e lavorò con Saarinen alla fine degli anni '40, "non c'è dubbio riguardo al fatto che avessimo realizzato opere classificabili nella categoria della semplicità ... Edifici come il TWA Terminal e altri vennero iniziati subito dopo la mia partenza. Non credo che prima di quel momento avessero gli strumenti, né le capacità, per realizzare quel tipo di lavoro sotto l'aspetto ingegneristico e architettonico". Tuttavia, quando lo studio fu incaricato di realizzare l'Auditorium e la Cappella Kresge, la fase di transizione era ormai ben avviata.

L'architetto finlandese sosteneva che i princìpi, più delle forme, miesiani avevano fortemente influenzato il progetto dei due edifici. La chiarezza della struttura fu il veicolo per esprimere la monumentalità dell'epoca modernista. Se per Mies l'architettura era struttura, per Saarinen l'articolazione dell'espressione strutturale doveva andare oltre l'astratto purismo della struttura in acciaio. Paragonati ai suoi lavori successivi, i passi sin lì compiuti da Saarinen in questa direzione risultano semplici tentativi. Riconsiderando successivamente la cupola dell'Auditorium egli stesso si dimostrò consapevole del fatto che il risultato finale fosse solo in parte soddisfacente. "In retrospettiva vanno apportate alcune critiche a questo edificio che somiglia a un pallone mezzo sgonfio". In un altro articolo aggiungeva: "Oggi penso che la sua forma sia troppo serrata".

Durante i sopralluoghi preliminari, Saarinen individuò i requisiti che avrebbero reso l'opera adatta al luogo. Collocati vicino al Baker House Dormitory di Alvar Aalto, gli edifici si sarebbero dovuti confrontare con quelli adiacenti, alti circa sei piani e fortemente caratterizzati a livello formale. Il progettista scelse di collocare alcune forme primarie all'interno di una piazza per distinguere, attraverso una geometria iconica e facilmente memorizzabile, queste strutture dal denso tessuto del campus. Gli aspetti legati all'acustica non ebbero alcun peso nella scelta della copertura della vasta sala. Al contrario, la presenza di altri edifici dotati di cupola nelle aree circostanti, e il desiderio di avvicinare il pubblico e il palco, indicarono la cupola come la soluzione più appropriata. Il carattere insipido di questi elementi architettonici

Sezione dell'Auditorium Kresge

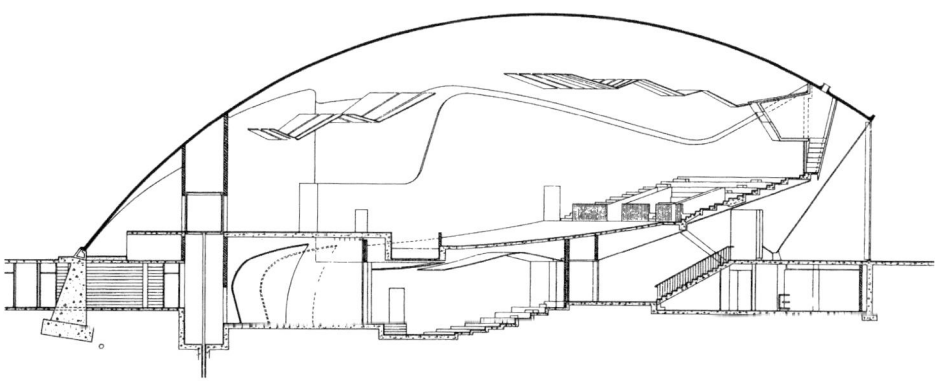

Pagina accanto.
L'Auditorium Kresge visto dalla cappella

Pagina accanto:
Il volume cilindrico adiacente all'auditorium si impone per il suo valore iconico.

A sinistra:
Scorcio dell'interno dell'auditorium con le "nuvole galleggianti" installate per favorire l'acustica

In basso:
Pianta dell'auditorium

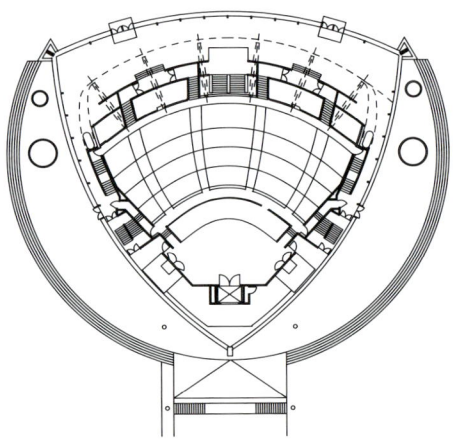

collocati su un piano rialzato testimonia come, pur essendo giunto a un punto di svolta nel suo percorso, Saarinen non fosse ancora in grado di declinare con padronanza un linguaggio plastico. L'Auditorium, con una capienza 1.238 posti, si presenta in pianta come un triangolo equilatero coperto da un ottavo di sfera in calcestruzzo la cui genesi – secondo la testimonianza di Aline Saarinen – deriva dalla dissezione di una pallina di gomma. La volta tocca il terreno in tre punti, coprendo una distanza di 48,77 metri, ed è spessa solo 8,89 centimetri nel suo punto più alto. La parte che ospita i posti per il pubblico è "in sostanza una cupola rovesciata. La costruzione era perciò a forma di doppio guscio, simile a un'ostrica".

Di fronte all'Auditorium si trova la Cappella, priva di aperture, un spazio aconfessionale concepito per il raccoglimento e la preghiera individuale. Questo cilindro in mattoni poggia su una serie di archi in calcestruzzo, di lunghezza disomogenea, che emergono da una vasca d'acqua. Un muro curvilineo in mattoni, progettato per evitare una fastidiosa concentrazione di suoni in singole parti dell'ambiente e assicurarne invece una diffusione uniforme, circonda l'interno della cappella. Allo scultore Harry Bertoia, ex direttore della sezione per la lavorazione delle opere in metallo della Cranbrook Academy of Art, si deve la quinta metallica che sovrasta l'altare in marmo, illuminata attraverso una rete a nido d'ape dall'unica luce della cappella, collocata sopra lo stesso altare. Saarinen cercò di ricreare un particolare effetto luminoso che aveva sperimentato in gioventù in un villaggio montano nei pressi di Sparta, dove la luce lunare nel cielo e una luce riflessa all'orizzonte si sovrapponevano. Si trattava della combinazione di una fonte di luce diretta dall'alto e di una di luce indiretta laterale. Questa reminiscenza venne tradotta in un lucernario circolare posto immediatamente sopra l'altare e

L'interno della cappella con l'installazione di
Harry Bertoia che sovrasta l'altare

in un'ininterrotta fascia vetrata che percorre il pavimento in corrispondenza della parte superiore degli archi esterni, dove la luce naturale riflessa dall'acqua si riverbera all'interno (dal basso verso l'alto) con una luminosità particolarmente suggestiva. All'esterno, sul tetto della cappella, una guglia in alluminio dello scultore Theodore Roszak svolge la funzione di torre campanaria.

I due edifici suscitarono pareri contrastanti. Saarinen accolse parte delle critiche e ammise i limiti delle due opere. Una delle obiezioni più frequenti riguardava le proporzioni. Nel tentativo di mantenere intatta la purezza della forma riducendo al minimo il numero di aperture, gli edifici trasmettono un messaggio ambiguo, sia al visitatore che al critico, riguardo alle loro reali proporzioni. Un altro elemento di critica era la staticità delle loro forme. Per l'Auditorium, in particolare, Saarinen aveva immaginato una silhouette molto dinamica che, elevandosi dal terreno, tornasse elegantemente verso il basso ma il risultato dà più l'idea di una forma immobile. Inoltre i due edifici appaiono eccessivamente chiusi in se stessi, senza entrare in relazione con il contesto circostante, se non, forse, per contrasto.

Il muro curvilineo in mattoni all'interno della cappella
La luce naturale è riflessa dalla vasca all'interno della cappella.

In basso a sinistra:
Schizzi di studio per la spirale in alluminio a coronamento della cappella

In basso a destra:
Pianta della cappella
La cappella appare come un oggetto architettonico che galleggia in una vasca d'acqua.

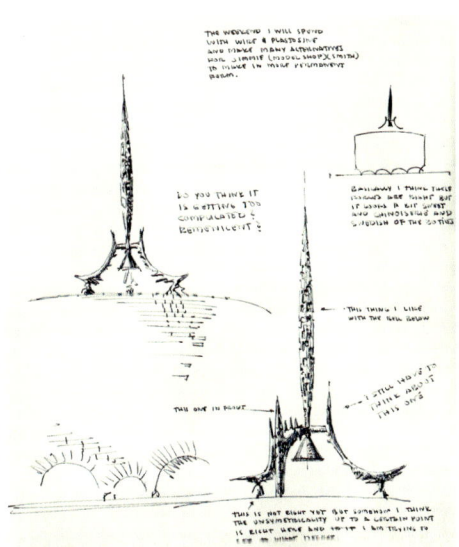

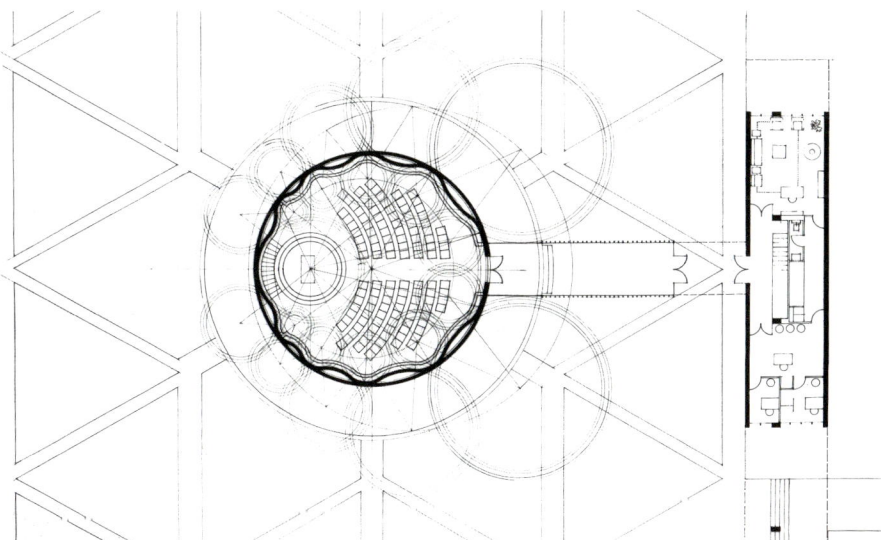

1953–1957 ▸ Irwin Miller House
Columbus, Indiana

Pagina accanto:
Scorcio dell'esterno
La copertura aggettante ripara l'interno dalla luce diretta.

La Miller House è un tempio che celebra il vivere moderno, ambientato in un paesaggio altamente formale

La consapevolezza architettonica di Saarinen era da sempre focalizzata sui valori progettuali piuttosto che sulla scala. Conosciuto per la sua padronanza nella gestione degli incarichi più importanti e di maggiori dimensioni, era allo stesso modo molto aperto alle opportunità di studiare prototipi residenziali moderni. Nel 1941 aveva lavorato col padre Eliel alla Wermuth House di Fort Wayne nell'Indiana, che può essere considerato il primo progetto residenziale realizzato da Eero. L'obiettivo principale nel progetto degli spazi domestici rimase, anche negli anni più tardi della sua attività, il medesimo: semplicità in pianta come nella scansione degli spazi interni.

La Miller House, costruita per Irwin Miller (1909–2004), un industriale promotore di molta dell'architettura moderna di Columbus, nell'Indiana, esemplifica questo tipo di approccio con una chiarezza sorprendente. Basandosi su un modulo di 76,2 x 76,2 centimetri, egli creò una modernistica griglia di lucernari estesa su uno spazio di 30,48 x 36,58 metri. Sedici colonne bianche cruciformi in acciaio sorreggono questa astratta copertura. Filtrata e diffusa uniformemente attraverso il vetro, l'illuminazione naturale rappresenta l'elemento comune in cui interagiscono quattro zone abitative separate, disposte attorno a un patio centrale come le pale di una girandola. Luci fluorescenti collocate sotto la cornice dei lucernari riaffermano e ricreano la geometria del soffitto nelle le ore serali. Ognuna delle zone private è separata da pareti, con poche aperture verso l'interno ma con ampie finestre verso l'esterno. Il loro rapporto in pianta somiglia a una trama urbana su scala pedonale, in cui la prossimità tra questi metaforici isolati urbani determina il percorso all'interno della casa.

Ampi scorci del paesaggio entrano a far parte dell'interno della casa.

A sinistra:
La cucina
Materiali differenti definiscono le diverse aree funzionali.

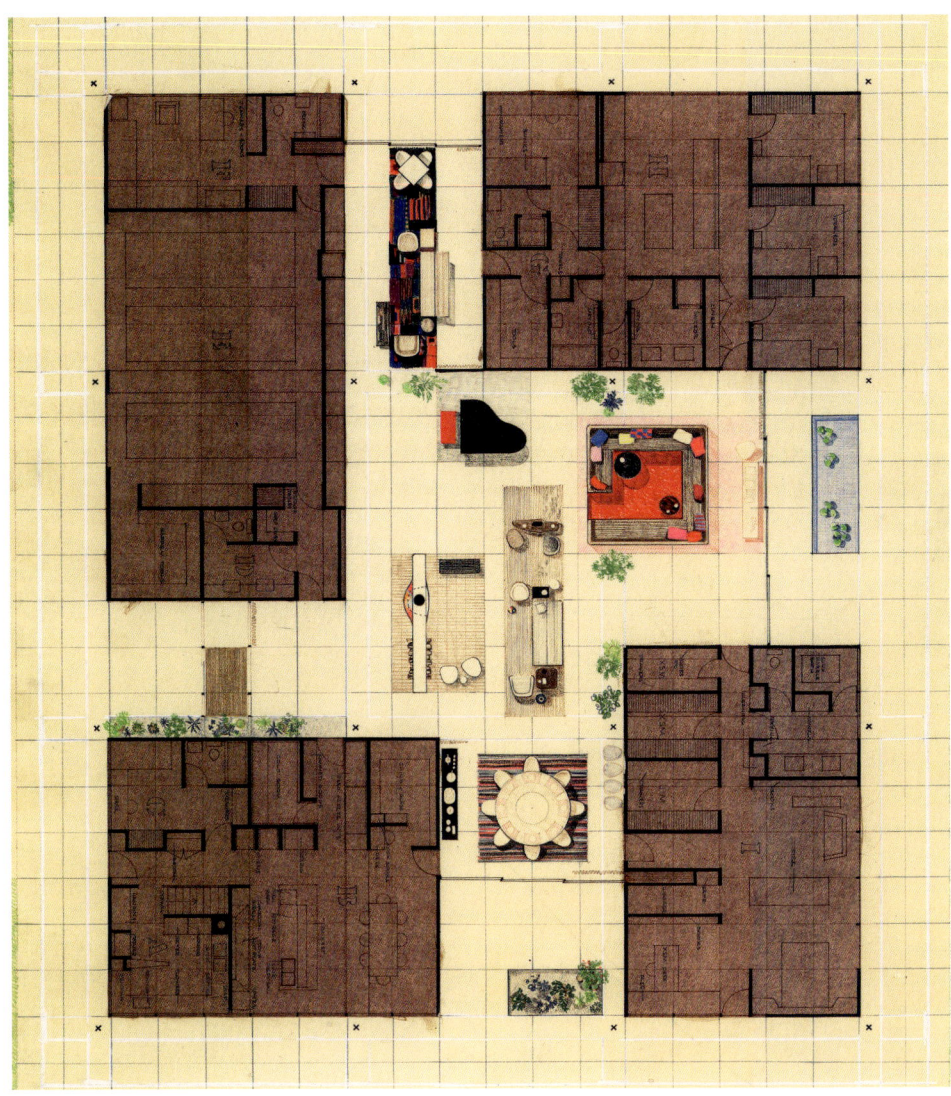

Pianta
Quattro padiglioni sono disposti come una girandola intorno a un fulcro aperto, imperniando la circolazione all'interno della casa su questo centro "pubblico".

Nel principale spazio comune è collocata un'area in cui, sedendo, si può godere di una vista totale e priva di ostacoli sul paesaggio esterno, attraverso il living. All'essenzialità della struttura fa da contrappunto l'interior design di Alexander Girard che aggiunse una sfumatura folk alle nude superfici. L'aggetto della copertura si estende oltre la linea dei lucernari, a riparo di uno spazio profondo circa 1,50 metri che circonda l'intero perimetro della casa. Il paesaggista Dan Kiley (1912–2004), a lungo collaboratore di Saarinen, tracciò nello spazio verde una scacchiera, in cui la villa stessa occupa uno dei riquadri.

1953–1957 › Milwaukee County War Memorial Center
Milwaukee, Wisconsin

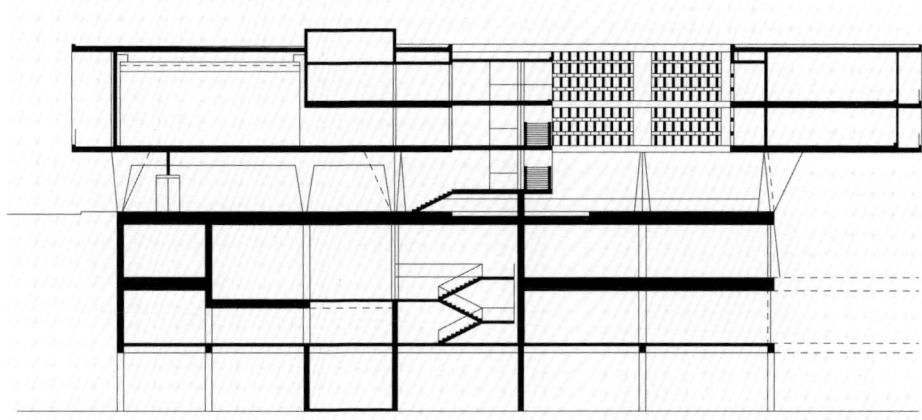

Sezione longitudinale in cui si evidenzia la scansione delle aree funzionali

Aggiungere elementi nuovi allo skyline di un luogo è sempre stata una tentazione per Saarinen. Più rilievo aveva il progetto, più il suo atteggiamento verso la sfida architettonica si faceva audace. Inoltre egli si impegnava profondamente nella ricerca di una base razionale che determinasse l'aspetto finale di ogni opera commissionatagli, nella convinzione che ogni scelta progettuale, piuttosto che un esercizio compiaciuto, fosse l'esito coerente di un percorso di pensiero logico e lineare.

Questo è vero anche per il Milwaukee County War Memorial Center, che si erge come un moderno Partenone a celebrazione dei veterani della seconda guerra mondiale. Situato alla fine di un ponte di collegamento con il centro cittadino, poggia su un promontorio, circa 12 metri sopra il livello del lago Michigan. Il progetto originale prevedeva un edificio per i veterani, una sala per la musica e un centro d'arte, tuttavia i limiti dettati dal budget ne ridussero la portata sin dalle prime fasi. Ciononostante Saarinen riuscì a costruire due dei tre edifici previsti, sovrapponendo quello per i veterani alla struttura dell'Art Center.

Nell'idea di Saarinen il War Memorial Center doveva essere un segno forte nel paesaggio. Egli disegnò dunque una struttura sospesa, con porzioni a sbalzo rialzate di circa 9 metri dal suolo, su tre lati. Sorretta da pilotis, la struttura offre allo spettatore una completa visuale del lago e dell'orizzonte. L'inedita forma dei supporti verticali deve molto al lavoro di Pier Luigi Nervi, alle sue realizzazioni rivoluzionarie in cemento armato e alla sua creatività nelle geometrie complesse delle strutture portanti. L'impronta di Saarinen è evidente nell'uso drammatico di calcestruzzo alleggerito nella sala conferenze, negli uffici e nella sala per i rinfreschi, sostenuti su tre lati, in sezione, da travi a sbalzo lunghe 9,14 metri, ciò che Saarinen chiamava "superstruttura".

Pagina accanto:
Una delle ali in aggetto che sporgono dalla struttura in calcestruzzo

47

Veduta d'insieme
Questo santuario della memoria riflette un'immagine di architettura religiosa.

A sinistra:
Schizzo preliminare

Cortile

La circolazione verticale è enfatizzata nel cortile
definito da pilotis in cemento.

La pianta cruciforme è scavata al centro per creare un grande cortile "con una vasca attorno alla quale sono scritti i nomi dei caduti". Due scale, una aperta e l'altra chiusa da stretti pannelli in vetro, animano l'immobilità di questo vuoto emblematico. Gli elementi programmatici dell'Art Museum, il terzo tema del piano complessivo, sono distribuiti su tre livelli del basamento monolitico, rivestito in pietra e perforato da poche strette aperture. Un'idea di ascendenza miesiana – la struttura come architettura – percorre l'opera: la struttura è il messaggio, parafrasando lo studioso di comunicazione Marshall MacLuhan. Un finitura grezza caratterizza le pareti e il calcestruzzo è il materiale utilizzato ovunque: "questo è un edificio totalmente in calcestruzzo. Ogni superficie è parte integrante della struttura."

Due anni dopo il suo completamento, sulla facciata ovest, tra le finestre dell'edificio per i veterani, vennero collocati dei mosaici. Robert Venturi, il padre del Postmodernismo negli Stati Uniti, lavorò a questo progetto negli anni della sua collaborazione presso Saarinen & Associates. La struttura è tuttora in uso anche se ha subito alcune modifiche, dettate da nuove necessità, tra cui l'aggiunta del 1975 progettata da Kahler, Fitzburgh and Scott di Milwaukee, oltre al Quadracci Pavillon realizzato nel 2001 da Santiago Calatrava.

1953–1958 ▸ Cappella Kramer

Concordia Senior College, oggi Concordia Theological Seminary ▸ Fort Wayne, Indiana

Veduta esterna

La cappella è collocata sulla collina più alta del sito e il suo tetto, le cui falde disegnano una guglia, è il più inclinato del complesso.
Il carattere di villaggio di quest'ultimo risulta dall'intento di attribuire ai singoli edifici dimensioni molto simili per far risaltare l'unicità della cappella. Per creare un effetto coerente, inoltre, i tetti degli altri edifici hanno falde con inclinature differenti.

A sinistra:
Schizzo di Saarinen con lo schema d'insieme, 1954

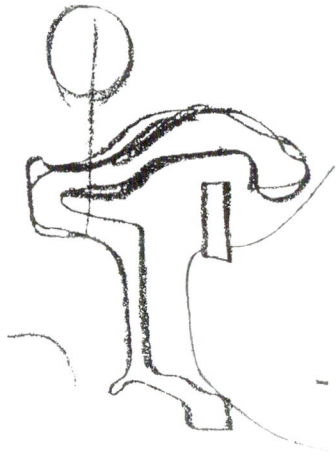

Scorcio del salone nella Craemer Hall

A sinistra:
Veduta dell'interno
Il progetto architettonico punta molto sull'interno della cappella, dove il contrasto tra il buio della navata e la luce che investe l'altare determina l'atmosfera dello spazio.

1953–1959 ▸ Palazzo del ghiaccio David S. Ingalls

Yale University, New Haven, Connecticut ▸ con Severud, Elstad e Krueger, ingegneri

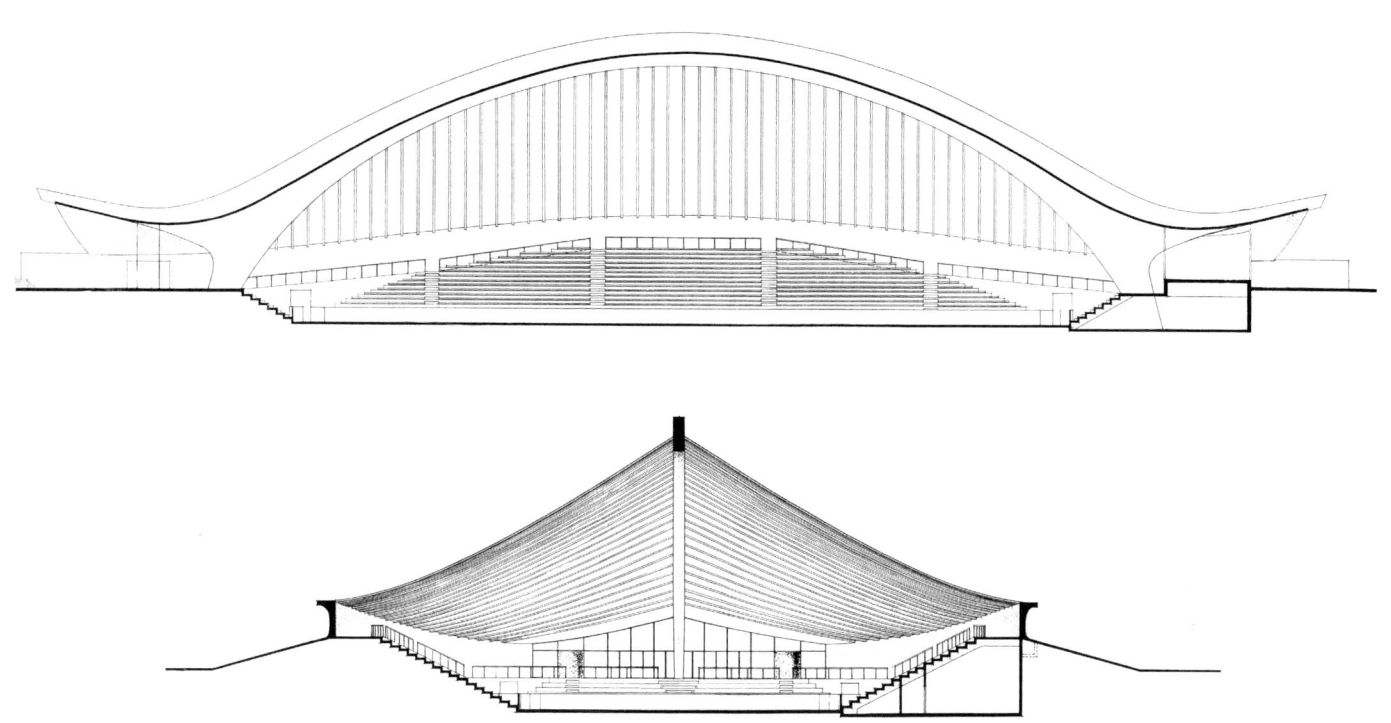

Sezione trasversale e prospetto del palazzo del ghiaccio

Dalla "spina dorsale" principale in cemento armato si dipartono cavi ancorati alle travi perimetrali, suggerendo la forma di una nave rovesciata.

Pagina accanto:
Scorcio dell'interno con l'ampia trave ad arco che sostiene la copertura

Con il campo da Hockey di Yale, Saarinen inaugurò una nuova fase del suo percorso creativo: l'esplorazione di forme organiche sfruttando le possibilità offerte dal cemento armato. Questa struttura sportiva, una delle sue prime con un'unica grande campata, copre un'area di circa 26 x 61 metri e ha una capienza di 3000 posti. L'obiettivo di Saarinen era trovare un'espressione architettonica ben caratterizzata che rispondesse alle richieste del committente. L'impianto aveva la funzione di ospitare le partite di hockey ma doveva potersi adattare in maniera flessibile ad altri utilizzi. Lavorando a stretto contatto con Fred Severud, l'ingegnere strutturale del Jefferson National Expansion Memorial, Saarinen delineò una copertura dal profilo fluido che contrastava con l'imponenza degli edifici nelle immediate vicinanze. Una trave curva di cemento armato, con una curvatura inversa alle estremità, attraversa il lato più lungo del campo. Da questa "spina dorsale" centrale si dipartono trasversalmente cavi spessi circa 2,5 centimetri, posti a intervalli regolari di 1,83 metri e ancorati alle estremità opposte della struttura a due elementi in cemento armato del medesimo profilo.

Poco dopo la morte di Saarinen Kevin Roche, associato dello studio, apparve in un documentario commemorativo dell'architetto, commentando davanti al campo da hockey: "La grande lezione qui sta nell'abilità di Eero di controllare la linea e la forma.

Se prendi una linea dritta nello spazio, essa non ha direzione ma appena la curvi tende a divenire qualcosa di dinamico. A questo punto, il problema diviene in che modo controllarla e come usarla per farci un edificio". L'audace geometria adottata in questo progetto troverà un'eco nelle forme scultoree del terminal TWA a New York. Lo scultore Oliver Andrews, di Santa Monica, fu autore dell'installazione luminosa posta al termine di una delle controcurve, a prolungare l'effetto di sollevamento della copertura verso l'esterno e a evidenziare l'ingresso principale. L'impianto è tuttora attivo e utilizzato per gli scopi originari.

Pagina accanto in basso:
Schizzo preliminare

Particolare della spina dorsale in cemento
armato che aumenta le sue dimensioni nello
scaricare il suo peso verso il basso

1954–1956 ▸ Cappella dello Stephens College
Columbia, Missouri

Pagina accanto:
Veduta dell'aula liturgica
Mentre il pavimento si inclina verso l'altare, il soffitto sale verso il centro.

Le strutture religiose sono gerarchiche per natura: possiedono un'origine geometrica e simbolica dalla quale derivano le coordinate architettoniche e teologiche, come in una cosmologia fissata nella pietra. I primi esempi paleocristiani sono disposti lungo l'asse est-ovest, con l'altare a rappresentare il culmine di un viaggio spirituale che conduce verso la redenzione. Nelle chiese a pianta centrale del Rinascimento lo spazio si genera attorno al nucleo in maniera concentrica, simile ai cerchi creati da un sasso gettato in uno stagno. Saarinen fece propria quest'ultima visione per esprimere la sacralità, spingendosi di gran lunga oltre ciò che le convenzioni avrebbero dettato.

La scelta della pianta centrale è funzionale alla collocazione del sito, nel mezzo del campus. Ciascun fronte ha la medesima partizione, dettata dalla presenza di un piccolo vestibolo collegato a un massiccio muro in mattoni. Saarinen progettò una serie di divisori semitrasparenti – come traforati – in mattoni e a tutta altezza, disposti verso il centro della cappella e distanziati dai muri perimetrali, definendo così un deambulatorio intorno al nucleo principale. In sezione è rintracciabile lo stesso simbolismo della pianta. Lo spazio viene marcato nella verticalità e l'inclinazione ascendente della copertura, culminante in una guglia, è riflessa nell'inclinazione del pavimento sul quale i visitatori, entrati attraverso il deambulatorio, iniziano una discesa verso l'altare. Il coro è situato dietro uno schermo in legno per evitare distrazioni durante le funzioni religiose.

Veduta esterna
Questa compatta scatola in mattoni è provvista di un'apertura su ciascun lato per consentire l'accesso all'interno e per far entrare la luce naturale.

1956 ▸ Sedia Tulip
Knoll & Associates

Un unico materiale si modella nel passaggio dal supporto alla sedia

Un ulteriore sviluppo nella serie di mobili disegnata da Saarinen nel corso della sua carriera è la sedia Tulip, frutto delle sue ricerche intorno al tema della forma ininterrotta che, nella scala del corpo umano, rispondesse a funzioni basilari. "Ancora una volta volevo realizzare una sedia costituita da un pezzo unico", commentò. Il processo di contaminazione di idee tra architettura e design che egli attuava rinforzò in lui la convinzione della possibilità di conferire unità formale all'"ambiente" del ventesimo secolo. Le dicotomie professionali che oppongono l'interno all'esterno dell'edificio, la progettazione urbana al design, spariscono di fronte a una concezione di architettura come attività profondamente integrante che dà forma a manufatti di diverse dimensioni. Il fatto che la sedia Tulip e il terminal TWA di New York condividano un medesimo concetto di fondo, cioè la fusione degli elementi strutturali in un'unica forma autodeterminata, è paradigmatico di questo approccio "olistico" alla progettazione.

La progettazione della sedia rappresentò per Saarinen una sfida di non poco conto. Le caratteristiche che doveva possedere erano ben precise: doveva risultare comoda per le corporature più diverse, impiegare materiali attuali ed essere, in quanto prodotto di serie, abbastanza impersonale da adattarsi ad ambienti differenti. Pensata per gli ambienti interni, doveva fornire una soluzione al problema del supporto, cioè delle gambe. Il prototipo della sedia rispondeva a tutti questi criteri. Lo stampo in fibra di vetro ruota su una base a stelo in alluminio che distribuisce il peso sul pavimento. Partendo dai numerosi disegni realizzati, vennero creati modelli di diverse misure (da 10 centimetri alle dimensioni reali) per indagare il rapporto tra la sedia e i diversi ambienti in cui veniva collocata. Saarinen stesso ne verificò la solidità utilizzando quotidianamente la sedia nella sua casa di Bloomfield Hills. Sottoponendola a ulteriori test per stabilire la resistenza ai carichi e agli urti, non vennero evidenziati segni di danneggiamento.

Pagina accanto:
Manifesto della sedia Tulip di Saarinen

1956–1962 ▸ Trans World Airlines Terminal

John F. Kennedy International Airport ▸ New York, New York

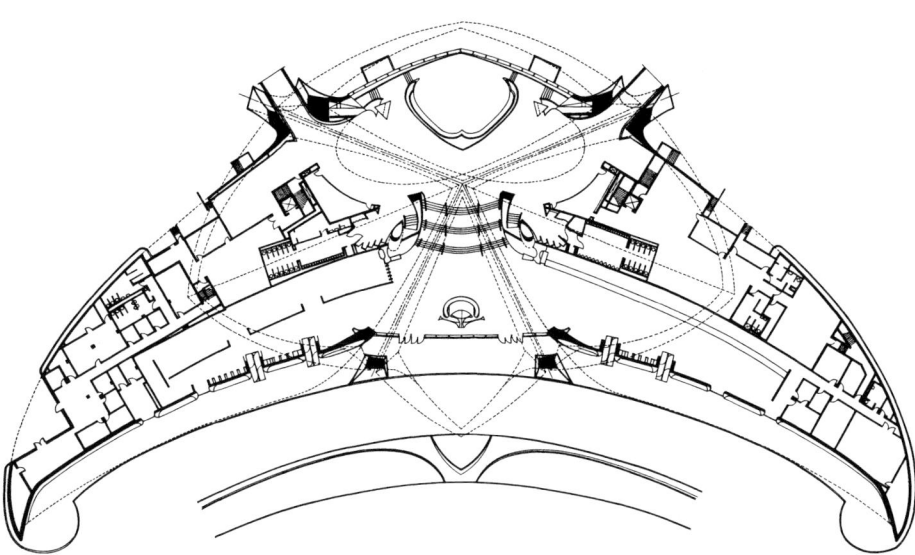

Pianta del piano terra

Il carattere rigoroso dello spazio modulare e la poetica delle forme organiche sono elementi coesistenti, sebbene diametralmente opposti, termini estremi di un ampio spettro entro il quale si muove l'espressione architettonica di Eero Saarinen. Il General Motors Technical Center sta ai lavori precedenti come il Trans Airlines Terminal – attualmente collocato all'interno dell'aeroporto internazionale John Fitzgerald Kennedy – sta ai successivi. Solo un anno prima che Saarinen ricevesse l'incarico per il terminal TWA, Le Corbusier aveva completato l'importante progetto della cappella di Notre Dame du Haut a Ronchamp, in Francia. Antoni Gaudí, Felix Candela, Eduardo Torroja e Pier Luigi Nervi sono solo alcuni degli architetti e ingegneri impegnati in quel periodo in esplorazioni similari di forme plastiche. Saarinen aveva un'acuta consapevolezza delle loro idee e commentava: "Ciò che mi interessa in queste strutture è quando e dove usarle. Sondando in profondità le diverse possibilità di queste strutture si scopre che non si tratta solo e necessariamente di formule matematiche che devono essere applicate in modi precisi, pena il fallimento; piuttosto ci sono diversi percorsi ugualmente logici ed efficaci che portano in molte direzioni".

Il TWA Terminal è un'allegoria del volo realizzata in cemento armato. Concepito per avvicinare l'uomo moderno all'euforia del volo aereo, è una metafora in cui la sperimentazione è spinta agli estremi. Nonostante le reiterate affermazioni sulla specificità formale espressa da ciascuna epoca, Saarinen ha sempre tenuto un piede fermamente piantato nella storia dell'architettura. La volta a crociera, forma tipica della tradizionale architettura in muratura, viene reinterpretata attraverso la tecnologia moderna e utilizzata per coprire uno spazio libero che ospita diverse funzioni. La simmetria della pianta e dell'alzato torna a far parte del vocabolario formale dell'architetto moderno. Dal momento che il terminal si collocava dalla parte opposta rispetto all'asse centrale nel master plan dell'aeroporto, il profilo dell'edificio aveva il

Pagina accanto:
Veduta dell'esterno verso l'ingresso

Veduta dell'esterno con un velivolo
Nel progetto del terminal, Saarinen si è affidato a un linguaggio mediato dal design areonautico.

Pagina accanto:
Pur nella sua dimensione labirintica l'interno mantiene le caratteristiche della pianta libera.

compito di renderlo riconoscibile all'interno dell'intero complesso, attribuendo alla compagnia aerea un'identità nettamente distinguibile dalle concorrenti.

Fissare il movimento nel cemento fu il tema centrale dell'opera, dai primi disegni di studio fino alla realizzazione dei più minuti dettagli. Il continuo fluire da una zona attraverso l'altra crea uno spazio senza confini, un'architettura della fluidità. Le colonne, le volte e il soffitto sono un unico elemento senza soluzione di continuità che evolve per ospitare i necessari elementi funzionali. Dalla strada i viaggiatori sono condotti nell'edificio attraverso un struttura aggettante, che è parte integrante dell'architettura, in cui è collocata l'area di transito delle auto. Una volta all'interno, un paesaggio di elementi scolpiti, modellati nel calcestruzzo come fosse argilla, circonda il visitatore, il cui sguardo è libero di percepire l'ampiezza dell'intero ambiente. La biglietteria e l'area di smistamento dei passeggeri si trovano al primo piano. Più in alto un coffee shop, un ristorante, un bar e alcune sale riunioni private occupano due piattaforme che fluttuano sotto un ombrello in calcestruzzo.

Al piano terra le scale che si alzano trasversalmente a partire dall'area informazioni conducono i passeggeri a un livello superiore dove è collocata la zona d'attesa e

un'area, incavata e separata dalle direttrici della circolazione pedonale, ospita posti a sedere da cui osservare le manovre degli aerei. Due gallerie si estendono dallo spazio principale fino a raggiungere le diverse uscite per l'imbarco. In sezione, il profilo ad arco delle gallerie raggiunge il suo colmo al di sopra dell'orizzonte dei passeggeri, suggerendo dimensioni molto più ampie rispetto a quelle reali, un espediente prospettico di memoria quasi barocca.

Considerato obsoleto e inadeguato a soddisfare le esigenze attuali, il terminal non è più utilizzato per il suo scopo originario e funge occasionalmente da spazio espositivo. Il suo destino resta però incerto.

L'area di attesa incavata che si affaccia sulle piste dell'areoporto

Immagine notturna dell'area ristorante

A sinistra:
Area ritiro bagagli

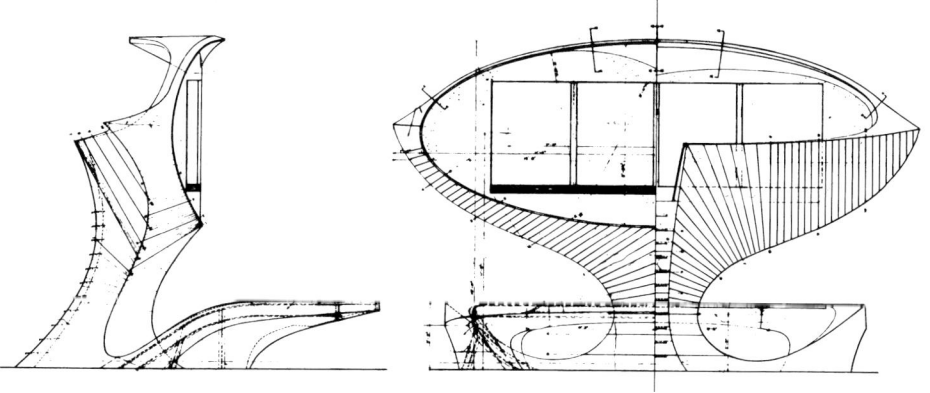

Banco informazioni

A sinistra:
Sezione e prospetto del banco informazioni

Pagina accanto:
Particolare di un supporto strutturale delle volte in calcestruzzo

1957–1961▸Centro Ricerche Thomas J. Watson
IBM ▸ Yorktown Heights, New York

Scorcio sul paesaggio circostante

Progettare un luogo per la ricerca scientifica e lo sviluppo di tecnologie d'avanguardia rappresentò un compito altamente simbolico per un architetto come Saarinen, così profondamente convinto della funzione innovatrice della tecnologia nella società. Dal suo punto di vista la scienza applicata era una delle principali forze razionali alla base delle conquiste ottenute nell'era della macchina. Il suo stesso studio poteva essere equiparato a un laboratorio dove a una ristretta élite di esperti progettisti veniva affidato il compito di dare una forma all'ambiente della seconda metà del secolo. Il Centro Ricerche Thomas J. Watson era il secondo progetto di Saarinen per questo committente. Pochi anni prima gli era infatti stato affidato l'incarico per il complesso IBM di Rochester, il cui progetto era ormai ben avviato, e Saarinen era perciò consapevole della complessa attività di un centro di ricerca.

La formula che utilizzò per giungere alla soluzione architettonica finale, rappresentava una vera e propria costante di tutta la sua attività. La scansione seguita nel progettare questo centro è applicabile a buona parte dei suoi progetti. Il primo passo riguardava l'aspetto funzionale: un'organizzazione spaziale flessibile, l'enfasi posta sulla concentrazione piuttosto che sulla dispersione al fine di minimizzare i tempi di attraversamento degli edifici, l'utilizzo di sistemi di condizionamento dell'aria e di luci artificiali furono i prerequisiti per quella che Saarinen immaginava come una nuova generazione di laboratori di ricerca. Il secondo passo consisteva nel delineare uno scenario realistico al fine di prevedere come i fruitori avrebbero sperimentato l'edificio nella loro attività quotidiana: l'intento del progettista era di offrire ai ricercatori un contesto informale a stretto contatto con la natura in cui condurre attività altamente specializzate. Il terzo passo riguardava la scelta del luogo e del contesto circostante: l'interessante topografia, la vegetazione lussureggiante e la possibilità di incastonare la facciata dell'edificio nelle curve del terreno, segnalano l'intento di unire l'architettura allo scenario naturale. Il quarto e ultimo aspetto è la grandiosità del programma che traspare nell'edificio: una facciata curva di acciaio e vetro lunga oltre 332 metri, affiancata a entrambe le estremità da bassi muri in pietra.

Nell'approssimarsi all'ingresso dalla strada sottostante si coglie l'immagine di una struttura lineare immateriale poggiante su una base di pietra che ricorda l'entasi di una colonna gigante di un tempio greco. In un solo ampio gesto, Saarinen ha racchiuso un insieme di funzioni, servite da due corridoi situati ai margini esterni della sezione trasversale, larga oltre 36 metri. Considerati nella planimetria del sito, l'edificio e i giardini sono disposti a raggio ma la partizione interna dell'edificio è sorprendentemente imprevedibile nel suo layout. Oltre la superficie liscia e continua della facciata curva in vetro, i laboratori e gli uffici sono racchiusi da oltre una dozzina di strutture rettangolari allungate distribuite a breve distanza le une dalle altre, a interrompere l'ombra altrimenti continua che la luce proveniente dai corridoi esterni proietta sui muri interni in pietra. Per creare una curva con questi elementi rettangolari, la pianta si apre a intervalli regolari, formando cunei in cui sono collocate le scale e gli ascensori.

Pianta del sito con il progetto paesaggistico di
Sasaki, Waltker & Associates

Il contrasto tra la superficie grezza della pietra e la matematica precisione del curtain wall conferisce al prospetto una texture insolita.

Una stretta controcurva nel disegno del paesaggio incontra nell'area d'ingresso la linea sinuosa dell'edificio.

Il profilo della plastica pensilina e le estremità della bassa controcurva tracciata dal muro in pietra rimandano alla varietà di forme del Trans World Airlines Terminal. Ai due estremi del basso muro in pietra, in posizione simmetrica rispetto alla pensilina in calcestruzzo dell'ingresso, sono poste Argonaut I e Argonaut II, due opere create da Seymour Lipton che simboleggiano il viaggio dello scienziato verso l'ignoto.

Veduta dell'esterno

1957–1962 ▸ Laboratori Bell
Holmdel, New Jersey

Veduta del volume monolitico che racchiude i due cortili e i laboratori di ricerca

Il pensiero del futuro assorbì completamente l'immaginazione di Saarinen, nella convinzione che ciò che il domani avrebbe portato sarebbe stato deciso da un'élite – quella dei ricercatori – focalizzata sui progetti che avrebbero portato un enorme impatto innovativo sulla società. Per Saarinen i laboratori di ricerca erano santuari in cui individui particolarmente dotati si dedicavano a una certa idea di progresso tecnologico. "Dovremmo guardare a questi laboratori per avere un'idea di ciò che sarà ... in questi luoghi le persone sono concentrate su idee che in futuro saranno importanti per tutti noi".

Saarinen aveva già lavorato in due casi a laboratori di ricerca per la IBM, e avrebbe applicato la lezione tratta da queste esperienze ai laboratori Bell: fornire la massima flessibilità al fine di assecondare i rapidi cambiamenti nelle metodologie di lavoro di una comunità alle prese con una conoscenza scientifica in continua evoluzione. Nel disegnare la trama delle interazioni tra gli scienziati che operano individualmente o in gruppo e che si concedono momenti di pausa nel corso del loro lavoro, Saarinen predispose un progetto compatto. Questo era basato sulla "crescente importanza della creazione di brevi tracciati per la comunicazione tra scienziati che lavorano in gruppo e per altri che hanno una necessità assoluta di privacy." Il vasto utilizzo di sistemi di condizionamento dell'aria e di illuminazione artificiale consentì la creazione

un nuovo modello, che sarebbe divenuto un riferimento nella progettazione di laboratori.

Il risultato finale di queste riflessioni appariva come un volume solido, di fatto costituito dall'ordinata disposizione di quattro edifici allungati, che ospitavano gli uffici e i laboratori dei ricercatori. Attraverso l'utilizzo delle più aggiornate tecnologie dei sistemi meccanici, Saarinen fu in grado di collocare i laboratori nel cuore degli edifici, in luoghi privi di finestre e ben lontani dalla pelle esterna. Tutto ciò per ottenere maggiore efficienza della pianta e per abbreviare le distanze da percorrere grazie a corridoi di attraversamento. La pianta cruciforme si apre nell'asse principale, creando corti interne adibite a giardini e altri spazi pubblici in cui si collocano gli snodi del sistema di circolazione verticale. Un deambulatorio che corre lungo le pareti perimetrali minimizza il disturbo causato dal transito pedonale. Gli edifici e le aree aperte sono raccolti sotto un'unica copertura.

La pelle trasparente in vetro a tutta altezza fornisce illuminazione al corridoio più esterno e dà consistenza formale all'involucro dell'edificio. I viali e i punti di accesso, insieme a uno specchio d'acqua, vennero integrati all'interno di un parco concepito come un giardino formale di scala monumentale.

1957–1963 ▸ Deere & Company Administration Center
Moline, Illinois

Particolare che evidenzia gli aspetti volumetrici della pelle dell'edificio

Nel corso di tutta la sua carriera Saarinen restò fermamente convinto che l'architettura dovesse essere il riflesso dell'identità e dei bisogni del committente, veicolati in un contesto fisico nel migliore dei modi. La forza era un tratto essenziale nei prodotti di una società come la Deere & Company, impegnata nel settore delle macchine agricole. Pertanto l'acciaio fu il materiale scelto per rappresentare questo concetto di robustezza. L'obiettivo del progetto proposto era triplice: offrire, attraverso una pianta flessibile, la massima efficienza spaziale che consentisse eventuali ampliamenti, creare un contesto ambientale sereno e tradurre in architettura le caratteristiche dei prodotti Deere.

Collocato in un avvallamento boschivo di oltre 240 ettari, il progetto prevedeva diverse strutture, tra cui un edificio amministrativo, un ampio spazio espositivo con annesso auditorium e un edificio tecnico. Ciascuna parte costituiva una struttura separata ma veniva riconnessa all'insieme grazie all'utilizzo di acciaio e vetro. Il grandioso piano, che organizza il progetto lungo l'asse nord-sud, rivela un aspetto quasi classico nell'opera di Saarinen, un indirizzo che informerà molti dei suoi lavori successivi. L'edificio amministrativo, cui si giunge da un viale di accesso dal tracciato sinuoso, si eleva su otto piani e si affaccia su un lago artificiale. Al livello più basso l'edificio ospita un ristorante dal quale si può godere del paesaggio circostante.

I visitatori raggiungono l'edificio dal parcheggio e proseguono lungo l'asse est-ovest entrando nello spazio espositivo, dove i trattori gialli e verdi della compagnia sono in mostra insieme ad altri prodotti. Da lì, la lunga prospettiva dell'arteria principale del complesso offre un'idea delle sue vaste dimensioni. Questo collegamento rialzato conduce al quarto piano dell'edificio amministrativo, dove assume la forma di una piattaforma sospesa che offre un contatto diretto con la natura circostante. Lo stesso interesse per il contesto naturale ha suggerito a Saarinen un trattamento delle facciate innovativo, con l'utilizzo di brise-soleil in acciaio che filtrano il 90% della luce naturale diretta senza interferire con la percezione del paesaggio. Essi rappresentano un ulteriore accorgimento che consente a chi si trova all'interno di godere della natura.

Particolarmente significativo è il tipo di acciaio scelto dal progettista per definire l'immagine della Deere & Company. Saarinen spiegava che l'effetto doveva essere quello di "un edificio diretto e ben definito, in cui il metallo è utilizzato in maniera decisa". La scelta ricadde su un tipo di acciaio che "se non verniciato, forma una patina di ruggine che diviene uno strato protettivo per l'acciaio stesso". Il risultato finale del progetto è un inedito compromesso tra la luminosità del vetro e la solidità della forma costruttiva.

Pagina accanto:
Veduta del complesso dal lago

Auditorium

A destra:
Veduta dell'area adibita a uffici caratterizzata dalla pianta libera

La connessione tra l'edificio per uffici e quello
per l'esposizione dei prodotti

A sinistra:
Planimetria generale

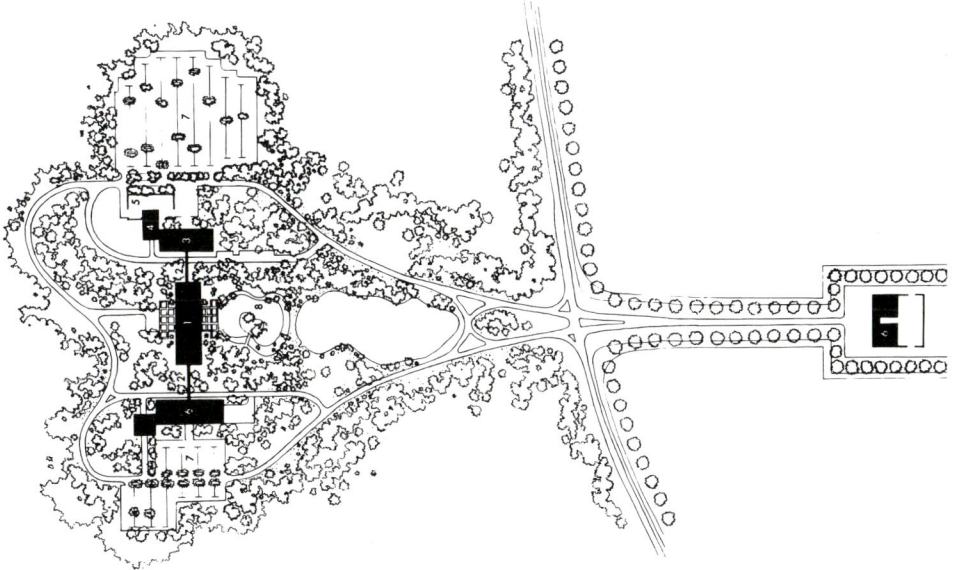

1958–1962 ▸ College Ezra Stiles e S.F.B. Morse

Yale University ▸ New Haven, Connecticut

Pagina accanto:
Veduta della via pedonale tra la mensa del Morse College e quella del college Ezra Stiles

I college visti dalla Tower Parkway

Eero Saarinen era stato uno studente della School of Architecture alla Yale University. La conoscenza profonda del campus fu un vantaggio che gli consentì di porsi al di sopra delle convenzioni moderniste. Sia l'università che il corpo studentesco erano d'accordo sul fatto che questi nuovi spazi dovessero rappresentare un'espressione architettonica con un proprio carattere ben definito. L'enfasi andava posta sul lavoro e sullo studio, poiché nell'ottica dell'architetto e del committente si trattava di college e non di dormitori.

Le caratteristiche sviluppate dai primi architetti modernisti, come la ripetizione seriale di elementi costruttivi, il trattamento uniforme delle superfici in vetro e l'adozione di forme modulari, sembravano dare poche garanzie di realizzare un progetto che si integrasse con il carattere neogotico del contesto.

La diversificazione fu il criterio che determinò la distribuzione degli spazi interni, dove si cercò di far sì che le stanze variassero il più possibile nelle dimensioni e nella forma. La disposizione delle aperture doveva essere "irregolare come in una vecchia locanda, piuttosto che standardizzata come in un moderno hotel", notava Saarinen. La ricerca della varietà dettò l'organizzazione planimetrica, divenendo l'elemento generatore della forma. Gli edifici poligonali occupano un sito dal tracciato irregolare che in precedenza aveva fatto da cornice a due scuole superiori di New Haven, sulla Tower Parkway. La geometria e la matericità di queste pareti entra in rapporto dialettico con gli edifici contigui.

Adottare pareti in mattoni o pietra, ormai considerate anacronistiche, sarebbe stato, negli anni Sessanta, una proposta decisamente coraggiosa. Saarinen era però determinato nell'intento di ottenere un aspetto moderno utilizzando una tecnologia

Veduta d'insieme del Morse College

antica. Una volta effettuata la colata e rimossa la cassaforma, i muri vennero perciò lavati con un getto d'acqua ad alta pressione per rendere evidente la materia e creare una texture ruvida. Il complesso creato da Saarinen consiste in una serie di volumi verticali articolati in modo da conferire individualità alle singole parti e nel contempo un'immagine unitaria dell'insieme. Nel descrivere la propria visione al committente Saarinen utilizzò espressioni quali "cittadella" o "collina all'italiana". Nel progetto di questi college coesistono numerosi temi ricorrenti dell'opera di Saarinen. Essi sono intrinsecamente urbani sia per la loro collocazione che per la composizione dei volumi. Il percorso pedonale che divide in due la planimetria suggerisce l'idea che questo progetto sia semplicemente il frammento di un complesso molto più vasto. Le torri, un altro elemento caratterizzante del lavoro di Saarinen, entrano in dialogo con la torre neogotica.

Secondo Saarinen un edificio doveva essere espressione del luogo stesso, e ciò non è mai stato vero come in questo caso, in cui il problema del rapporto con un insieme di preesistenze altamente codificate, come è il campus di Yale, è stato risolto, evitando intenti mimetici, attraverso un'interpretazione del contesto stesso.

Planimetria

Interno di una stanza tipo per gli studenti

1958–1962 ▸ Dulles International Airport
Chantilly, Virginia

Progettato quasi contemporaneamente al terminal della Trans World Airlines presso l'Idlewild International Airport di New York (attualmente John Fitzgerald Kennedy International Airport), il terminal passeggeri di Dulles fu concepito come un tempio del trasporto moderno poggiato su una base massiccia. Situata su una porzione di terreno pianeggiante, questa struttura dal profilo enfatico, conserva un carattere ufficiale grazie all'ordine gigante del colonnato inclinato verso l'ingresso per riparare la discesa dei passeggeri dalle vetture. Il volo e il simbolismo ad esso associato esercitavano un'attrazione incredibile su Saarinen. Le tecnologie legate all'aeronautica divennero una

Veduta della torre di controllo

Pagina accanto:
Scorcio del terminal

Veduta laterale del terminal in cui sono visibili
le "sale d'attesa mobili" alla base della torre di
controllo

A destra:
Il ristorante nella torre di controllo con le
sedie Tulip di Saarinen

fonte di riferimento importante nello sviluppo di forme che si rifacevano agli aeroplani e alle traiettorie che essi tracciavano nel cielo. Così il soffitto in cemento sospeso tramite cavi sopra il semplice atrio cattura il movimento in un ampio gesto.

Rendering con veduta a volo d'uccello e schema della circolazione

L'immagine semplice dell'insieme fa da contraltare alla complessità del progetto. Nella fase iniziale della progettazione, Saarinen e i suoi collaboratori si avvalsero di un team di ricercatori che, nel ruolo di osservatori, raccolsero i dati relativi ad altri aeroporti degli Stati Uniti. Acquisire informazioni di prima mano sul traffico aereo, per una tipologia di edificio ancora in via di sviluppo, fu un passaggio chiave nel percorso che condusse al progetto finale. Mappando i movimenti dei passeggeri, l'équipe di Saarinen individuò tre problematiche fondamentali. La prima riguardava come condurre i passeggeri dall'aeroporto verso il velivolo e viceversa, la seconda come affrontare il costo della movimentazione dei jet, la terza la necessità di fornire la massima flessibilità agli operai che si occupavano della manutenzione dei velivoli. Lavorando di concerto, questo gruppo di esperti, che comprendeva ingegneri edili e meccanici e un consulente aeroportuale, pervenne all'ideazione dell'innovativa lounge mobile, " una sala d'aspetto su ruote", come la descrisse l'architetto.

L'amico intimo di Saarinen, Charles Eames, produsse un filmato per vendere l'idea alla Federal Aviation Agency e alle dodici compagnie coinvolte nel progetto. Una volta

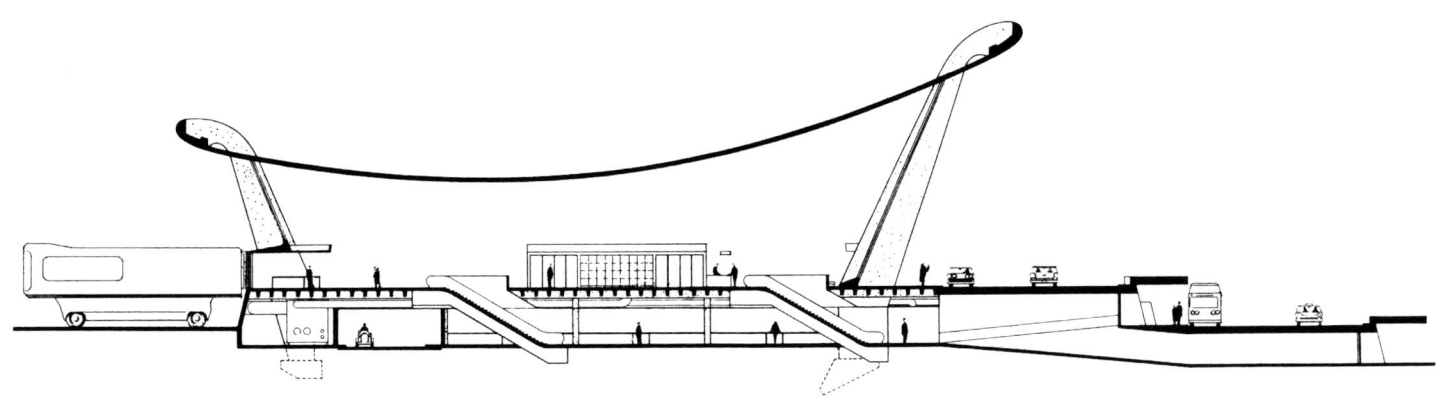

Pagina accanto in alto:
Sezione

Pagina accanto in basso:
Le "sale d'attesa mobili" che trasportano i passeggeri dal terminal ai velivoli

entrati nell'atrio principale e dopo aver adempiuto a tutte le operazioni relative alle procedure d'imbarco, i passeggeri potevano spostarsi sul retro dell'edificio dove la sala d'aspetto mobile li attendeva. Questa collegava l'aeroporto ai velivoli, invertendo la tipica operazione che prevedeva l'avvicinamento dell'aereo al terminal per l'imbarco. Saarinen ebbe il solo ruolo di consulente per il progetto della sala d'aspetto mobile, che bollò in un commento, pubblicato sul numero dell'aprile 1962 dell'*Architectural Forum*, come "un animale dall'apparenza pesante e sgraziata, nella migliore delle ipotesi". Dalla sua ultimazione, nei primi anni Sessanta, il terminal è stato modificato tramite aggiunte alterando la sequenza di passaggi che conducevano il passeggero dalla strada di accesso fino all'aereo. Attualmente la sala d'aspetto mobile trasporta i viaggiatori fino a una struttura secondaria dalla quale accedono successivamente al velivolo.

La torre di controllo contribuisce a definire uno skyline unico. Come la Water Tower del General Motors Technical Center, il progetto di questo elemento verticale subì diverse rielaborazioni prima di giungere alla sua versione definitiva. Rafforzando le proporzioni monumentali delle colonne, la torre segnala da lontano la presenza della struttura. Saarinen prestò molta attenzione all'ambiente circostante, progettando entrambe le vie d'accesso, così come la sistemazione paesaggistica, con il suo stretto collaboratore Dan Kiley. Una visita diretta del terminal evidenzia una straordinaria cura dei dettagli nel modo in cui l'impianto formale si riflette nei percorsi pedonali adiacenti. Secondo il giudizio espresso da Kiley, quello del Dulles International Airport fu un progetto più convincente rispetto al terminal della TWA: "molto più semplice e molto più forte... suggerisce l'idea di libertà e movimento".

1959–1963 ▸ North Christian Church
Columbus, Indiana

Scorcio dell'aula liturgica
Il soffitto diviso in sezioni è realizzato con pannelli in stucco sospesi.

Nel corso del ventesimo secolo, che comunemente consideriamo l'epoca della laicità, numerosi architetti tra quanti avevano adottato il linguaggio modernista vennero incaricati di progettare edifici religiosi. Per Saarinen questa divenne una sorta di specializzazione secondaria, attraverso la quale, metaforicamente parlando, poté esprimere una personale teologia del progetto. La North Christian Church presso Columbus, in Indiana, fu il suo secondo edificio religioso, costruito vent'anni dopo la Tabernacle Church of Christ, alla quale aveva lavorato con il padre.

Avendo osservato come, nello sviluppo storico di questa tipologia, l'addizione di spazi per le diverse attività collettive avesse generato complessi architettonici in cui la chiesa era solo uno degli elementi, egli scelse di invertire questo schema. Tutte le aree secondarie di questo progetto, infatti, sono collocate al di sotto del piano terra, con la chiesa che riacquista la posizione predominante sia all'interno della gerarchia progettuale, sia in relazione alla città. "L'architettura deve testimoniare l'idea che la religione sia un percorso per il quale devi impegnarti personalmente". Il tragitto immaginato per i fedeli, perciò, parte dal basso, salendo per raggiungere l'accesso al mondo del sacro. Basandosi su questo concetto Saarinen disegnò uno spazio raccolto con una forza iconografica evidente sia in pianta che in sezione.

Le sei costole in acciaio laminato collocate ai vertici dell'esagono allungato che costituisce la copertura consentono la realizzazione di uno spazio interno privo di pilastri, definendone l'asse verticale. "Un cappello d'acciaio poggiato su un catino in cemento", così Henry Pfisterer, ingegnere strutturale dell'opera, la descrisse. Sebbene la chiesa sia orientata lungo l'asse est ovest, il suo spazio rimane focalizzato sul centro, dove è collocato l'altare.

Pagina accanto:
Veduta dell'esterno
L'elemento verticale della guglia è un riferimento visivo nel paesaggio urbano.

1960–1964 ‣ CBS Building

Sede del Columbia Broadcasting System
‣ New York

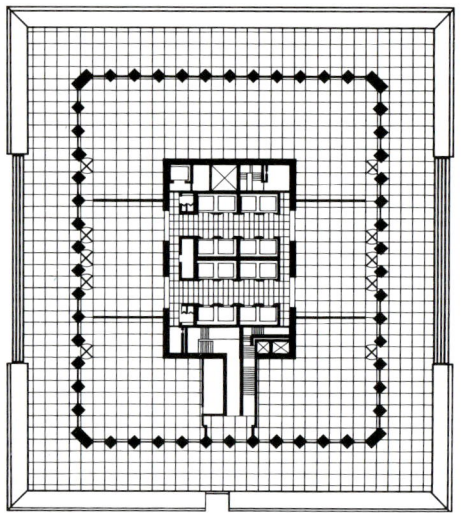

Pianta

Scorcio del piano terra

L'unico grattacielo di Saarinen, fu anche l'ultimo lavoro da lui personalmente avviato, perlomeno sulla carta, dal momento che l'edificio venne completato dai suoi collaboratori. Egli morì infatti quando i lavori erano appena iniziati.

Frank Stanton, presidente della Columbia Broadcasting System Inc., insistette sull'idea di realizzare per la sede della compagnia un imponente edificio in muratura. Egli desiderava un'opera che si differenziasse dal contesto circostante, dominato dalle tipiche facciate curtain-wall degli edifici delle corporation. Il grattacielo di 38 piani, situato sulla 52ª strada e delimitato da Avenue of the Americas e della 53ª Strada, sarebbe stato una delle strutture in cemento armato più alte della sua epoca. La sua grande visibilità rappresentava un'occasione per esibire un'architettura dal carattere assertivo.

L'edificio doveva distinguersi dai grattacieli vicini per l'enfasi posta sull'espressione della verticalità. Sotto questo specifico aspetto un riferimento formale per il CBS Building può essere stato il progetto di Eliel per il concorso del Chicago Tribune. Il caratteristico profilo triangolare dei pilastri a tutta altezza in facciata drammatizza la prospettiva percepita dal piazzale incavato tra l'edificio e il marciapiede. L'idea di prevedere questo spazio pubblico che restituisse parte del sito alla città, come aveva fatto Mies van der Rohe nel Seagram Building, fu non solo imposta dal nuovo piano regolatore di New York, ma fu anche un mezzo per caratterizzare il modo in cui i fruitori avrebbero sperimentato questa torre monolitica. "Si dovrebbe essere in grado di comprendere un edificio nella sua totalità, come un'unica cosa", sottolineava Saarinen.

Eero vide in questo incarico l'occasione per confrontarsi con i colleghi, affermando polemicamente: "Penso che troppa architettura moderna abbia un'apparenza di

Elementi a tutta altezza segnano le facciate del grattacielo, senza alcuna differenziazione verticale delle funzioni.

fragilità". Il progetto per la CBS, al contrario, era stato concepito per trasmettere l'idea di permanenza. Come molti lavori di Saarinen, il progetto, in termini numerici, è impressionante: la superficie calpestabile, in parte destinata ad essere affittata, è di 74.000 metri quadrati. Il 75% della superficie è rivestito da oltre 3700 tonnellate di Granito Nero Canadese, "sufficienti", notava Stanton, "a rivestire per un miglio la Quinta Strada con uno strato alto circa 5 centimetri". Per pulire il materiale preservandone il colore nero, lo studio di Saarinen adottò un innovativo metodo di finitura del granito che prevedeva l'incisione termica e la levigatura liquida, effettuata cioè attraverso una sabbiatura della superficie con acqua e sostanze abrasive.

Vita e opere

Eero con Aline Saarinen (a destra) davanti alla Noyes House nel giorno della sua inaugurazione
Noyes House, Vassar College, Poughkeepsie, New York 1954 – 1958

1910 ▶ Eero Saarinen nasce il 20 agosto a Kirkkonummi in Finlandia da Eliel Saarinen e Loja Gesellius.

1923 ▶ **1929** ▶ Eero frequenta la Baldwin High School di Birmingham, nel Michigan, dove si diploma nello stesso anno.

1930–1931 ▶ Dopo il diploma parte per l'Europa e studia scultura presso l'Académie de la Grande Chaumière di Parigi.

1931–1934 ▶ Segue il corso di laurea presso la School of Architecture alla Yale University, dove consegue la laurea in Belle Arti.

1934–1936 ▶ Grazie alla borsa di studio Charles O. Matcham torna in Europa dove visita Italia, Egitto, Palestina, Grecia, Germania, Svezia e Finlandia.

1936–1950 ▶ Dopo il suo rientro negli Stati Uniti lavora saltuariamente nello studio di architettura

paterno a Bloomfield Hills, nel Michigan. Inizialmente la sua collaborazione con lo studio è informale, ma negli anni successivi Eero diviene partner dello studio.

1939 ▶ Eero sposa Lilian Swann, una scultrice di New York. Dal matrimonio nascono due figli: Eric (1942), direttore della fotografia e regista a Los Angeles, e Susan (1945), paesaggista con studio a Golden, in Colorado.
Insieme al padre vince il primo premio al concorso per la Smithsonian Art Gallery di Washington, progetto che non verrà realizzato. Eliel ed Eero realizzano la First Christian Church a Columbus, in Indiana, e la Crow Island School a Winnetka, nell'Illinois.

1940 ▶ Eero diventa cittadino americano. In collaborazione con Charles Eames vince l'Organic Forniture Competition promossa dal Museum of Modern Art
Con Eliel realizza il Teatro-Sala per concerti (Music Shed) presso il Berkshire Music Center di Lennox, nel Massachusetts, inaugurato nel 1941.

1941 ▶ Progetta la Community House

1942–1945 ▶ Nasce il primogenito Eric. Durante la guerra Eero presta servizio per tre anni presso la Presentation Division dell'Office of Strategic Services a Washington. Durante questo periodo vince insieme a Oliver Lundiquist il primo premio nel concorso Design for Post-War Living, promosso da *California Arts & Architecture*

1945 ▶ Nasce la secondogenita Susan. Lavora autonomamente alla Unfolding House, un progetto mai realizzato.

1946 ▶ In collaborazione con Eliel lavora al progetto per il campus e per un dormitorio all'Antioch College di Yellow Springs in Ohio.

1947 ▶ Con Eliel, Eero progetta il Pharmacy Building della Drake University a Des Moines nell'Iowa, un progetto portato a termine nel 1950.

1948 ▶ Eero comincia a lavorare, inizialmente con Eliel, al progetto del General Motors Technical

Center di Warren nel Michigan, collaborando con Smith, Hincman & Grylls Architect-Engineers (oggi Smith Group). Dopo la morte di Eliel, Eero assumerà la responsabilità del progetto che verrà completato nel 1956. Sempre in collaborazione con Eliel lavora al progetto del campus e del dormitorio per la Brandeis University di Waltham, in Massachusetts. Gli edifici che ospitano la mensa e le parti comuni vengono completati tra il 1949 e il 1950. Eero vince il concorso nazionale per il Jefferson National Expansion Memorial di St. Louis nel Missouri.
Disegna per la Knoll & Associates la famosa poltrona Womb.

1949 ▶ Riceve una laurea ad honorem in arte dalla Yale University.
Con Eliel completa il progetto per la Christ Church Lutheran di Minneapolis.
Progetta un padiglione per la musica ad Aspen nel Colorado.

1950 ▶ Con la morte di Eliel, Eero diviene il partner principale dello studio, il cui nome viene modificato in Eero Saarinen & Associates.

1951–1955 ▶ Progetta i dormitori e la mensa per la Drake University di Des Moines, nell'Iowa.

1952 ▶ Diviene membro dell'American Institute of Architects.
Progetta un secondo edificio a Columbus, nell'Indiana, l'Irwin Union Trust Company, completato nel 1955.

1953 ▶ Divorzia dalla moglie Lilian Swann. Lo studio Eero Saarinen & Associates riceve numerosi incarichi, incrementando notevolmente la visibilità di Eero. Si tratta dei progetti per l'Auditorium e la Cappella Kresge del massachusetts Institute of Technology a Cambridge, 1953–1955; il Milwaukee War Memorial Center in Wisconsin, 1953–1957; la Irwin Miller House di Columbus, nell'Indiana, 1953–1957; il Concordia Senior College a Fort Wayne, nell'Indiana, 1953–1958.

1954 ▶ Eero sposa Aline B. Louchheim, storica dell'arte, associate art editor e critico del *New York Times*. Nello stesso anno la coppia ha un bambino, chiamato Eames in onore dell'amico Charles. Aline diventa responsabile delle pubbliche relazioni di Eero Saarinen & Associates. Lo studio redige il master plan per la University of Michigan di Ann Harbor, progetta le case alloggio per il Vassar College di Poughkeepsie, New York (1954–1958) e la Cappella dello Stephens College di Columbia, Missouri (1954–1956).

1955 ▶ Lo studio vince il concorso per lo U.S. Chancery Building di Oslo in Norvegia (1955–1960) e per lo U.S. Chancery Building di Londra (1955–1960).

1956 ▶ Lo studio è impegnato in numerosi progetti prestigiosi:
Casa alloggio femminile e mensa alla University of Chicago, Illinois (1956–1958);
Palazzo del ghiaccio David S. Ingalls della Yale University a New Haven, Conneticut (1956–1959).
Law School alla University of Chicago, Illinois (1956–1960);
International Business Machines a Rochester, Minnesota (1956–1960);
Trans World Airlines Terminal dell'Idlewild International Airport (oggi JFK), New York (1956–1962).

1957 ▶ Lo studio prosegue la propria intensa attività:
Casa alloggio femminile della University of Pennsylvania a Philadelphia (1957–1960);
Thomas J. Watson Research Center per l'International Business Machines Corporation di Yorktown, New York (1957–1961);
Laboratori Bell di Holmdel, New Jersey (1957–1962);
Deere & Company Administration Center a Moline, Illinois (1957–1963).

1958 ▶ Per Knoll & Associates Eero disegna la "Pedestal Furniture", serie di mobili con piedistallo.
Eero Saarinen & Associates si assicura incarichi di primo piano negli Stati Uniti:
College Ezra Stiles e S.F.B. Morse della Yale University a New Haven, Conneticut (1958–1962);
Terminal del Dulles International Airport a Chantilly, Virginia, in collaborazione con Amman & Whitney Architect-Engineers (1958–1962);
Teatro e biblioteca-museo del Lincoln Center for the Performing Arts a New York, in collaborazione con Skidmore, Owings & Merrill Associated Architects e Jo Mielziner, designer per il Repertory Theater (1958–1964).

1959 ▶ Eero riceve una laurea ad honorem in lettere dalla Valparaiso University in Cile.
Progetta il suo quarto edificio a Columbus, Indiana, la North Christian Church (1959–1963).

1960 ▶ Diviene membro della American Academy of Arts and Letters.
Riceve l'incarico per la sede del Columbia Broadcasting System a New York (1960–1964), il suo primo e unico grattacielo.

1961 ▶ Riceve una laurea ad honorem in materie umanistiche dalla Wayne University e una in ingegneria dalla Technische Hochschule di Hannover, Germania. Il 14 agosto, Eero accusa i primi sintomi di malessere. Il 21 agosto viene trasportato all'ospedale di Ann Arbor, nel Michigan, dove muore il primo settembre durante un intervento chirurgico per un tumore al cervello.

1962 ▶ Eero viene insignito della medaglia d'oro postuma dall'American Institute of Architects.

USA

Cambridge, Massachusetts
Auditorium e cappella Kresge, MIT

Chantilly, Virginia
Dulles International Airport

Columbia, Missouri
Cappella dello Stephens College

Columbus, Indiana
Irwin Miller House
North Christian Church

Fort Wayne, Indiana
Cappella Kramer, Concordia Senior College

Holmdel, New Jersey
Laboratori Bell

Lenox, Massachusetts
Music Shed

New Haven, Connecticut
Palazzo del ghiaccio David S. Ingalls, Yale University
College Ezra Stiles e S.F.B. Morse, Yale University

New York
Trans World Airlines Terminal, John F. Kennedy
International Airport
CBS Building, Columbia Broadcasting System
Headquarters

Milwaukee, Wisconsin
Milwaukee County War Memorial Center

Moline, Illinois
Deere & Company Administration Center

Pacific Palisades, California
Case Study House #9

St. Louis, Missouri
Jefferson National Expansion Memorial

Warren, Michigan
General Motors Technical Center

Yorktown Heights, New York
Centro Ricerche Thomas J. Watson, IBM

Milwaukee

Warren

Detroit

Chicago

Fort Wayne

Moline

Columbus

Columbia

St. Louis

Cambridge

Boston

Lenox

New Haven

Yorktown Heights

Holmdel

New York

Philadelphia

Chantilly

Washington

ATLANTIC OCEAN

GULF OF MEXICO

Bibliografia

▶ Carter, Brian, *Between Earth and Sky: The Work and Way of Working of Eero Saarinen*, Ann Arbor, MI, University of Michigan, A. Alfred Taubman College of Architecture + Urban Planning, 2003.

▶ Christ-Janer, Albert (con una premessa di Alvar Aalto), *Eliel Saarinen*, Chicago, University of Chicago Press, 1948.

▶ Martin, Reinhold, *The Organizational Complex: Architecture, Media, and Corporate Space*, Cambridge, Massachusetts, MIT Press, 2003.

▶ Miller, Nancy A, Eero *Saarinen on the Frontier of the Future: Building Corporate Image in the American Urban Landscape, 1939–1961*, tesi di dottorato, University of Pennsylvania, 1999.

▶ Nakamura, Toshio e Masato Oishi, *Eero Saarinen*, Tokyo, Eando Yu, 1984.

▶ Peter, John, *Oral History of Modern Architecture: Interviews with the Greatest Architects of the Twentieth Century*, New York, Harry N. Abrams, 1994.

▶ Roman, Antonio, *Eero Saarinen: An Architecture of Multiplicity*, New York, Princeton Architectural Press, 2003.

▶ Saarinen, Aline B., a cura di, *Eero Saarinen on His Work: A Selection of Buildings Dating from 1947 to 1964 with Statements by the Architect*, New Haven, Yale University Press, 1962.

▶ Saarinen, Eliel, *Search for Form: A Fundamental Approach to Art*, New York, Reinhold Pub. Corp., 1948.

▶ Spade, Rupert e Yukio Futagawa (fotografo), *Eero Saarinen*, New York, Simon and Schuster, 1971.

▶ Stoller, Ezra, a cura di, *The TWA Terminal*, New Jersey: Princeton Architectural Press, 1999.

▶ Temko Allan ,*Eero Saarinen*, New York, G. Braziller, 1962.

Articoli di Eero Saarinen

▶ Our Epoch of Architecture, in *AIA Journal*, 18, dicembre 1952.

▶ Architecture of the Future, in *Cleveland Engineering*, 7, maggio 1953.

▶ Six Broad Currents of Modern Architecture, in *Architectural Forum*, 99, luglio 1953.

▶ The Changing Philosophy of Architecture in *Architectural Record*, 116, agosto 1954.

▶ Conversations Regarding the Future of Architecture, in *Print*, 11, febbraio–marzo 1957, pp. 37–39.

▶ Function, Structure and Beauty, in *AIA Journal*, 28, luglio 1957.

▶ Campus Planning, in *Architectural Record*, 128, novembre 1960.

Fotografie

▶ © akg-images/Tony Vaccaro: 2

▶ Wayne Andrews © Esto: 9

▶ *Arts & Architecture*: 21 (entrambe)

▶ CBS/Landov: 91

▶ Fotografo Ken Hedrich, Hedrich-Blessing collection, HB-06184-F2, Chicago Historical Society: 10

▶ Concordia Theological Seminary, Fort Wayne, IN: 50 in basso

▶ Courtesy Cranbrook Archives: 4 (Saarinen Family Papers, #CEC5538), 8 (Saarinen Family Papers, #5169), 11 (Richard Shirk, 1942, #RS115), 41 in basso a destra (riprodotto da Merle T. Westlake)

▶ © 2005 Eames Office LLC, www.eamesoffice.com: 18, 19

▶ Copyright 2005 General Motors Corp. Pubblicato con autorizzazione di GM Media Archive: 31 in basso, 32 in basso, 34 in alto

▶ Copyright J. Paul Getty Trust. Pubblicato con autorizzazione. Julius Shulman Photography Archive, Research Library del Getty Research Institute: 20, 22 (entrambe), 23, 56, 57, 90 in basso

▶ Gössel und Partner: 38 in basso (Eero Saarinen Collection. Manuscripts and Archives, Yale University Library), 47 (gentile concessione Cranbrook Archives/Jack M. Goldman Papers, #CEC5530), 94

▶ Photography © Knoll, Inc.: 24, 25, 58

▶ © Balthazar Korab Ltd.: 38 in alto, 40, 48 in alto, 49, 50 in alto, 51 in alto, 66, 78, 88, 89

▶ Library of Congress, Prints & Photographs Division: 16 (Gottscho-Schleisner Collection, LC-G12-T01-492349), 27 (Historic Engineering Record, HAER, MO,96-SALU,78-1), 29 (Historic Engineering Record, HAER, MO,96-SALU,78-34), 37 in alto (HABS, MASS,9-CAMB,69-5), 85 (LC-USZ62-113987), 87 (LOT-13375-23F)

▶ M.I.T. Libraries, Rotch Visual Collections, MA: 41 in alto, 54, 55 in alto

▶ Museum of Flight © Skidmore Owings & Merrill for the Metropolitan Washington Airports Authority: 15

▶ © 2005, Digital image, The Museum of Modern Art/Scala, Firenze: 12 (IN148.11) © 2005 Eames Office LLC, www.eamesoffice.com

▶ Eero Saarinen and Associates: 17, 35, 37 in basso, 41 in basso a sinistra, 48 in basso, 53 (entrambe), 61, 67 in basso, 70 in basso, 81 in alto, 86 in alto, 90 in alto

▶ © Harry Seidler, Milsons Point, Australia: 84 in alto

▶ Ezra Stoller © Esto: 6, 13, 14, 30, 31 in alto, 32 in alto, 33, 34 in basso, 36, 39, 42, 43, 44 (entrambe), 46, 52, 60, 62, 63, 64, 65 (entrambe), 67 in alto, 68, 69, 70/71, 72, 73, 74, 75, 76 (entrambe), 77 (entrambe), 79, 80, 81 in basso, 82, 83, 84 in basso, 86 in basso

▶ Mary Ann Sullivan, Bluffton University: 51 in basso

▶ © David Sundberg/Esto: 26

▶ Special Collections, Vassar College Libraries: 92 (Photo: John Lane)

▶ Eero Saarinen Collection. Manuscripts and Archives, Yale University Library: 1, 28, 45, 55 in basso, 59